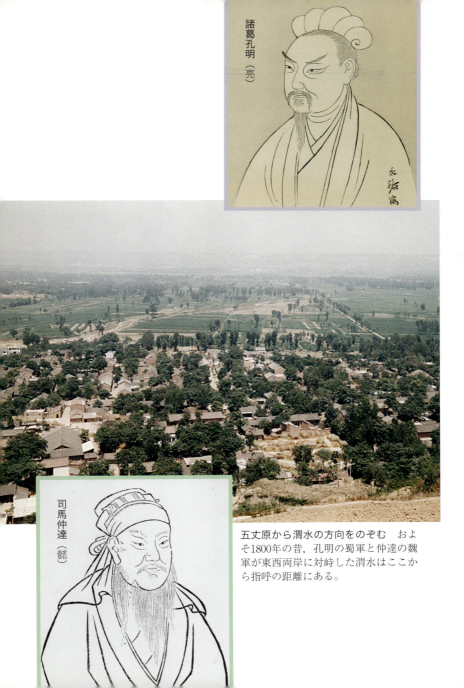

五丈原から渭水の方向をのぞむ　およそ1800年の昔，孔明の蜀軍と仲達の魏軍が東西両岸に対峙した渭水はここから指呼の距離にある。

現在の五丈原への登り口

五丈原にある諸葛廟の孔明像

新・人と歴史　拡大版 02

「三国志」の世界　孔明と仲達【新訂版】

狩野直禎 著

SHIMIZUSHOIN

本書は「人と歴史」シリーズ（編集委員　小葉田淳、沼田次郎、井上智勇、堀米庸三、田村実造、護雅夫）の『「三国志」の世界』として一九七一年に、「清水新書」の『「三国志」の世界・孔明と仲達』として一九八四年に刊行したものに加筆・修正を施して新訂版として復刊したものです。

序文

私が諸葛孔明《しょかつこうめい》や司馬仲達《しばちゅうたつ》の名を知ったのは、三〇年以上もむかし、小学生のころであった。いまは本の名も忘れたが、『三国志演義』を子どもにわかりやすいように書いたものであった。関羽《かんう》と張飛《ちょうひ》、この二人の豪傑とならんで孔明は知恵のかたまりであった。私はひそかに、前の二人を後藤又兵衛、塙団右衛門に、そして孔明を真田幸村に比し、写真の二重うつしを見るようにして『三国志』の世界にはいりこんだ。孔明が仕えた劉備《りゅうび》とその子劉禅《りゅうぜん》は豊臣秀吉と秀頼であり、曹操《そうそう》は狸おやじ徳川家康である。

赤壁《せきへき》の戦いに、曹操の軍船を焼き討ちにした計略に快哉《かいさい》をさけび、出師《すいし》の表《ひょう》を読んで、その主君を思うまごころに感じ、主君とわかれて戦場におもむくその心情に涙を流し、五丈原でどうしても勝つことができないことにじだんだをふんだ。当然、魏《ぎ》の大将である司馬仲達はにくまれ役であった。やがて私は中学に進み、漢文や東洋史の教科書で、孔明や仲達にめぐりあった。しかし、かれらに対する感情は結局小学生時代のそれとかわらなかった。

研究生活にはいって、三国の時代が、中国史の流れのなかで、ひじょうに大きな意味をもつ時代であることを知りつつある。そして、曹操や司馬懿《い》（仲達）が、その時代のなかではたした役割のおもみを感じている。徳川家康が幕藩体制の完成者として、日本史のうえで評価されるように。

私はこの書において、三世紀の中国の歴史の流れのなかで、ほぼ同年に生まれた二人が、やはりほぼ年齢を同じくする孫権《そんけん》を脇役にしつつ、どのような生活を送り、いかなる役割をはたしたかをのべてみたい。仲達に対するかつて少年時代にいだいた感情はやや中和されるであろう。しかし、孔明に対する感情はうすめられまい。ある人物に対するシンパシィは、その人物の生きた時代に興味をもち理解するうえに、大切なことだと思うからである。

昭和四六年早春

聖心女子大学歴史研究室にて

狩野直禎

「新訂版」によせて

『「三国志」の世界　孔明と仲達』を、清水書院の「人と歴史」シリーズの一冊として刊行してから半世紀あまりの年月が経っている。「清水新書」に入ってからでも二四年になる。この間に我が国の三国時代研究は非常に発達していった。専門の研究者を対象とするもののみでなく、一般の読書人が手にされる事を期待して書かれたものも多くある。しかし、孔明と仲達を対比させた本書の占める位置は決して失われていまいと自負している。

平成二九年一月

狩野直禎

目次

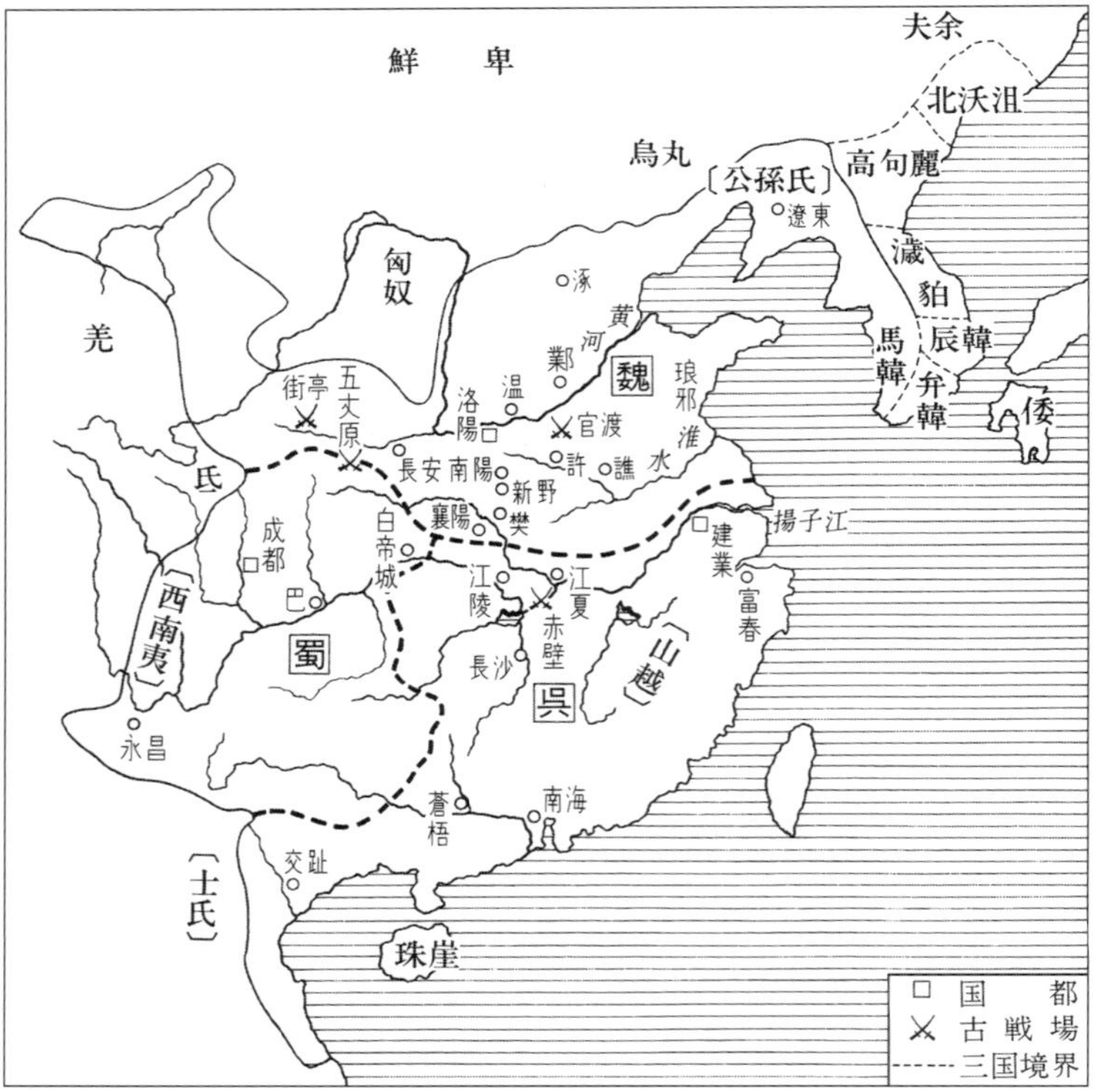
鮮　卑
夫余
北沃沮
烏丸
〔公孫氏〕
高句麗
遼東
濊
貊
匈奴
涿
黄河
羌
鄴
魏
琅邪
辰韓
馬韓
弁韓
倭
街亭
五丈原
温
洛陽
官渡
長安
南陽
許
譙
淮水
氐
新野
樊
襄陽
揚子江
成都
白帝城
建業
巴
江陵
江夏
富春
〔西南夷〕
赤壁
〔山越〕
蜀
長沙
呉
永昌
蒼梧
南海
交趾
〔士氏〕
珠崖
国都
古戦場
三国境界

三国時代の中国

序章

孔明と仲達への評価

❖陳寿の孔明評価

諸葛《しょかつ》孔明（亮《りょう》）と司馬仲達（懿《い》）、二人はほとんど同じころに生まれ、生涯をライバルとしてすごした。しかしこの二人に対する人物評価は、従来天と地ほどもへだたっている。もちろん、ある歴史上の人物に対する評価は、それ自体が歴史的産物であって、各時代時代の背景と切りはなして考えられないが、この本ではそこまで立ち入ることはできない。ごく大ざっぱに、二人に対する評価を紹介したい。

諸葛孔明の伝記は、『三国志』の著者陳寿《ちんじゅ》によって書かれた。『三国志』蜀《しょく》志五におかれている陳寿の伝記はとりもなおさず、私がこの本を書くほとんど唯一の材料である。私だけでなく、いままでもまた将来も、孔明を材料にして歴史を、あるいは小説・戯曲を書く人の根本の材料である。この意味で孔明像はまず「陳寿の下した孔明評価」というプリズムを通して結ばれる。

陳寿は諸葛孔明伝の終わりに、つぎのように評している。諸葛亮は人民を慈《いつく》しみ、法を行なうこと厳重であった。誠心を披瀝《ひれき》して公平な道を布《し》いた。諸事に細かく気をくばり、ひとつひとつ、根本について調べた。国中のものはみな、孔明を畏《おそ》れながらも愛した。政治を識《し》っている良才で、管仲《かんちゅう》や蕭何《しょうか》（管仲は春秋時代斉の桓公、蕭何は漢の高祖に仕え、いずれも法家思想を主に、行政を行なった）をつぐものということができる。しかし、毎年軍隊を動かしながら成功できなかったのは、臨機に処置する軍略が、かれの長ずるところでなかったからなのか。

諸葛亮を公平な人物、政治の才能に秀でた人物、とするが、その背後に法治主義の存在を認めているのである。また、軍略はその長ずるところにあらずと、軍師としての才能をほとんど評価していない。いったい陳寿の父はもと蜀に仕えて、諸葛孔明の指揮をうけていたが、孔明と感情のもつれがあった。それで陳寿の孔明批判には、多少ふくむところがあるというのが、通説である。しかし陳寿の孔明評価は、それほどまとを失ったものでもない。

❖袁宏の孔明評価

『三国志』の注には、袁宏《えんこう》（四世紀に出た晋《しん》代の歴史家）が人から孔明はいかなる人物かと問われたのに答えて、

「孔明は主君のなすべき仕事をして、国人はだれも孔明を疑わず、百姓は心からかれを欣《よろこ》

びいただいた。法を行なうこと厳重であったが、国人は悦《よろこ》んでこれに服した。その用兵は、止《とど》まっては山のごとくどっしりと、進退には風のごとく早く、出兵のときには天下震動した。亮が死んでいまにいたるまで数十年、蜀の人が孔明を思うことはまるで周の人が、召《しょう》公《こう》（周の武王の弟、同じく武王の弟の周公とともに武王の子成王を補佐した）を思うようである。孔子が『雍《よう》（孔子の弟子仲弓《ちゅうきゅう》のこと）は諸侯あるいは天子の地位についてもよい人物だ。』（『論語』雍也編）と言っているが、孔明もそうした人物だ。」

と言ったと見えている。ここでは政治家としても、軍師としてもともにすぐれた人物とし、とくに孔子が仲弓をほめた言葉を引いて、孔明を評価している。

唐代の詩人杜甫《とほ》は、また孔明の偉大さを高く評価した人でもあった。杜甫は安史の乱後成都《せいと》（いうまでもなく、ここは蜀漢の首都であり、劉備の陵とそのかたわらに孔明の祠堂がある）の近郊に草堂をいとなみ、三年の月日をすごした。そして、

丞相祠堂いずくの処にか尋ねん
錦官城外柏森々
階に映ずるの碧艸《へきそう》は自《おのずか》ら春色
葉を隔てたる黄鸝《こうれい》、好音を容る

と詠《よ》んでいる。（杜甫といえば李白《りはく》だが、李白にも『諸葛武侯伝を読む』という題の詩がある。）

❖宋以後の孔明評価

宋代にはいって、朱子学が成立し、大義名分論がさかんになると、三国では蜀漢が正統とされた。司馬光の『資治通鑑《しじつがん》』（戦国時代の始めから五代末まで一三六二年間を扱う）は魏を正統にしているが、朱子は、『通鑑綱目』において、蜀漢を正位にしている。したがって蜀漢の功臣である孔明もその評価はたかまった。南宋末の忠臣謝枋得《しゃほうとく》が編纂《へんさん》した『文章軌範』という書物がある。これはわが国でも文章を作るための参考書として、特に江戸時代、数多くの人に読まれたが、「出師《すいし》の表」は陶淵明《とうえんめい》の「帰去来辞《ききょらいのじ》」とともに、特別によろしきものとして扱われている。

孔明評価にあずかって力あるものの一つに『三国志演義』がある。これは三国時代の史実をもとにして作られた小説であるが、このなかで孔明は、第一等の人として、またいわゆる判官びいき的な同情をともないつつ、描写されている。こうして孔明は忠義誠実・公正無私・廉潔《れんけつ》恬惔《てんたん》、そして兵法の大家として人々にとらえられるようになったのである。

明末清初に出た思想家王船山、かれは顧炎武《こえんぶ》・黄宗羲《こうそうぎ》とならんで、考証学派の祖とされるが、かれが司馬光の『資治通鑑』をもとにして『読通鑑論』という史論を著わしているが、そのなかでいかなる場合にも賞賛してやまないのは諸葛孔明であった。そしてわが国でも、支那ぎら

いで有名な平田篤胤《あつたね》すら、

「此人《このひと》（孔明）生涯の行は、唐人ながら篤胤間然することあたわず。孔子の後たった一人の人と思はる。……諸越人《もろこしびと》の言に、孔子以前無孔子、孔子以後無孔子（孔子以前に孔子なく、孔子以後に孔子なし）といったが、篤胤は孔子以後唯有孔明（孔子以後、ただ孔明あるのみ）と思はるる事でござる（『西籍概論』）。」

といっているくらいである。

❖司馬仲達の評価

司馬懿《い》の伝は『晋書』武帝紀によって見ることができる。しかしこの『晋書』は唐にはいってから編纂されたもので、その評価は唐の太宗《たいそう》がみずから下したそれであるから同時代人かそれに近いものの評価とは言うことができない。ところが、三国呉《ご》の張儼《ちょうげん》が『黙記《もくき》』という書のなかで、つぎのように言っているのは、いちおう注目されよう。

「諸葛（孔明）・司馬（仲達）の二相は身を盟主に託し、あるいは功を蜀漢に収め、あるいは名を伊洛に冊した、丕（曹丕）・備（劉備）が没し、後継者があとをとると、二人ともこれを保阿《ほあ》（もり役）する任をうけ、幼主を輔翼し、然諾の誠に負かなかった。亦《また》一国の宗臣（世に仰ぎ尊ばれる臣）、覇主の賢佐（秀れた輔佐役）である。」

と、いちおう二人を同等に評しようとする。もっとも『黙記』は後段においては、孔明をもって仲達よりすぐれたものとするのであるが、仲達をもってとくに悪人とする点は見られない。ところが四世紀にはいって、中国は北方からの遊牧民族の侵入をうけるのであるが、そのひとつ羯《けつ》族出身の石勒《せきろく》は、自身は一字も文字が読めなかったが、けらいに『史記』『漢書』などの歴史書を読ませて、これを聞くのを楽しみにしていた。その石勒がつぎのように言っている。

「私がもし漢の高祖にあったなら、臣下としてこれに事《つか》えるであろう。もし光武帝にあったなら、自分はかれと競争し、天下はだれの手におちたかわからぬ。りっぱな男がなにか事業を行なうときは、たんぱくに、日や月のようにはっきりと、正々堂々とやるべきだ。曹操や司馬仲達父子のように、孤児や未亡人をだまして、天下をだましとるようなことをすべきでない。」

孤児や未亡人をだまして、天下を取るというのが、司馬仲達へのやや悪意をこめての評価であろう。

しかし司馬仲達は唐の太宗からは、

「人を用うるには己《おのれ》にあるがごとくし、賢を求めるには及ばざるがごとくす。情は深く阻まれて測ることなく、性は寛綽《かんしゃく》(ゆったりしている)にしてよく容る。和光同塵、ときと舒巻《じょけん》(時に応じて進退する)す。」

と評されている。仲達は寛容にして、時代の要求するところを見きわめてそれに迷わず、時の流れのままにおもむく人であったようである。それであるから、曹氏の失態によって、自然に政権に近づいていったのである。前にあげた王船山も『読通鑑論』のなかで、つぎのようにのべている。

「魏の亡んだのは、曹丕が遺詔して、司馬懿に輔政を命じたことから始まる。懿がはじめて出仕したのは文学掾《えん》であって、どうしてはやくから魏を奪う心があったろうか。魏に人なくして、懿をひきてこれに授けただけである。……魏に人あれば懿は奪うことができなかった。」

❖統一から分裂へ

いま私は司馬懿が時の流れのおもむくままに棹《さお》をさしたとのべたが、仲達が活躍した時期を中国の歴史のなかにおいてながめてみると、どうなるであろうか。約四〇〇年つづいた漢という王朝が倒れようとしていた。たんに一つの王朝が倒れようとしていただけでなく、中国における古代帝国が崩壊しようとしていたのである。

漢が倒れたあと、中国には魏・呉・蜀という三つの王朝が成立した。統一が破れて分裂がおこったのである。中国全体が三つに分かれただけでない。各王朝の内部も、一人の皇帝に治められてはいるが、じっさいは有力な貴族たちの力によって支えられていたのである。しかもこのような状態は、三国時代四〇年でなく、六世紀の末、隋の煬帝《ようだい》の時までつづくのである。古代統一の時代が中世分裂の時代に変わりつつあったのである。分裂は政治の面だけではなかった。土地は貴族たちの経営する荘園にわけられた。

思想界においても儒教による統一はやぶれ、老荘思想（玄学《げんがく》）がかえりみられ、また仏教が広く信仰されはじめ、さらに道教が発生した。文学や美術も儒教の婢《はしため》の身分から解放されて、独立の価値を認められた。これら思想、文学、美術の創造者、享受者はやはり貴族たちであった。

さてこれら貴族はすべて後漢の豪族たちにその源流が求められるが、曹氏、司馬氏、諸葛氏、孫氏はその出身地や家格に相違はあっても、いずれもこれら豪族のひとつであったのである。

I

卧竜

三人の英雄

❖後漢末の混乱

「宮中・府中はともに一体である。」

諸葛孔明は「出師《すいし》の表《ひょう》」のなかで、このようにのべている。天子の日常のすまいである宮中と、政治を行なう府中とは一つのものであって、けっして分かれてしまってはならないというのである。もし両者がはなれてしまえば国家は滅びる。これは中国における国家のありかたを、ひじょうによく示した言葉である。

孔明はまたつぎのように言っている。

「賢臣に親しんで小人を遠ざけた。これが前漢が興隆した理由である。その逆に小人に親しんで賢臣を遠ざけた。これが後漢の傾きくずれた理由である。先帝（劉備）が御在世中、いつも私とこのことを議論し、いままで一度だって桓帝《かんてい》・霊帝《れいてい》のことをひどく残念に思わないことはありませんでした。」

小人に親しんで賢人を遠ざける。孔明は先帝の遺言をうけて輔佐している劉禅が自分のきげんをとるつまらぬ人間をそばにおきたがるのを見て、それを諫《いさ》めるために、このようなことを言ったのであるが、それはたんに理屈としてのべたのでなく、「桓・霊に痛恨せずんばあらざりき。」という、事実のおもみのうえに立っているのである。

光武帝が漢朝を再興して二二〇年、後漢の政治は混乱におちいった。後漢第一一代の皇帝桓帝は、一四六年に一四歳で即位したが、かれを帝位につけるべくはたらいたのが、外戚《がいせき》の梁冀《りょうき》であった。こうして桓帝の在位中、外戚・宦官《かんがん》が政治の実権を奪った。これに反対して陳蕃《ちんばん》ら名節の士が党を組んで立つと、宦官たちは陳蕃らが党を組んで世をさわがしたといって、これを禁錮《きんこ》（官吏になる資格を奪う）の刑に処した。これを党錮《とうこ》の獄《ごく》という。このように宦官が党錮の獄をおこして、反対勢力を一掃したことは、宮中・府中一体の原則をこわしたことを意味する。宮中・府中一体とは、一人の人間が両方の仕事をするというのでない。宮中には宮中の、府中には府中の仕事があり、そこに仕えるものが、おのおの役割をきちんとはたし、相和していくことを意味する。しかし党錮の獄以後は、それ以前からもそのような傾向はあったが、とくに政治は、宮中においてつねに天子の側《かたわら》にいる宦官の手ににぎられていった。宦官は男性でありながら、その機能を喪失した者で、中国史上にしばしば精神の不健全を引きおこした例がある。こうした宦官の横暴に対し、漢朝でも府中の歯止めはきかなくなった。

中央での政治の混乱は、人々のうえにいろいろな形で影をおとしてきた。土地の兼併《けんぺい》はいまさらに始まったものでないが、宦官やその一族のものは、権力を笠にきて土地の兼併を行ない、いたるところで土地をめぐっての争いが生じた。また水害・旱害《かんがい》・蝗《いなご》の害などの災害がいちじるしくなる。天災はつねに人災によってその害を倍加する。天災だからしかたがないというのは、あたかも公害だからと、公の字にかかずらわって、私害を黙認してきたようなものだ。

つぎには異民族の侵入がひんぱんになる。漢民族と周辺の異民族、わけても北方の遊牧民族との関係は、相対的なものがあるから、中国の側でその力が弱まれば、かれらの侵入は容易になる。その結果、ある場合には、一家の働き手が異民族との戦いにかり出されて、耕作ができなくなり、またある場合には、異民族のために、家族や財産を奪われたであろう。そのほかさまざまの理由で、土地を失い流浪する人もおおかった。

❖黄巾の乱

すでに後漢のなかごろから、各地に現世救済を説く教えが広がっていた。なかでも現在の河北省から山東・安徽《あんき》・江蘇《こうそ》といった沿海地帯に行なわれていたものは「太平道《たいへいどう》」と呼ばれ、また四川《しせん》・陝西《せんせい》両省にわたる地方にあったのは「五斗米道《ごとべいどう》」といい、おおくの人をその教団のなかに集めていた。いずれも病気を治すためには自分の犯した過失をざんげして許しをこうといったことを教えの内容にしている。太平道の太平の意味を手もとの字引きでみてみよう。「天下太平」という言葉があるように、世の中がよく治まって平和なことという意味がある。また豊年、東の方、日の出る所などという意味もある。山東の地方にはむかしから海のかなたには蓬莱《ほうらい》という理想郷があるとする信仰があった。太平道、この名には東の方に平和で豊かな世界をきずこうという人々の願いがこめられているのかもしれない。また太平道の太平は、太平均の意味で、すべての人が働いて自分の力でくらしをたて、財産を共有にする一種の共産社会を意味するともいわれる。

五斗米道は神に祈るおり、米五斗（現在の五升、約一〇リットル）を出させるのでこの名がある。はなはだ現実的な名のつけかたであるが、資金を出して宿舎（義舎《ぎしゃ》という）を設け、米や肉を寄付してそのなかにおいておくなどの公共事業をすすめ、やはり太平均に近い考えかたがある。

天災、異民族の侵入、戦争、重税、あげくのはてに土地を奪われた農民たちが、その教えに引かれてつぎつぎに入信した。かれらはそれまでの郷村単位のわくをのりこえて、横のつながりをもつことができた。そして独自の組織をつくりあげたのである。それは教主を頂点にしたヒエラルキーであり、同時に軍隊の組織にも転ずることができた。

太平道の指導者、張角は数十万人の教民をひきいて、革命を考えるようになった。この場合、革命といっても、ヨーロッパのレボリューションの訳語としての革命ではない。社会改革をひきおこす革命でなく、中国流の革命をいう。中国流の革命とは易姓《えきせい》革命すなわち政治革命であり、天命が革《あらた》まり、天は有徳者に新しい命をくだす。これを「天命維《こ》れ新《あらた》なり」（明治維新などという維新はここに出典がある）といい、あたらしい王朝が誕生するのである。中国では十干《じゅっかん》（甲乙丙丁……）と十二支（子丑寅卯《しちゅういんぼう》……）の組み合わせで年を数える風習がある。日本にも伝わって、いまでも「ことしは丙午《ひのえうま》だから……」などということがある。この十干十二支によってできる六〇とおりの組み合わせの、最初にくるのが甲子である。そこできたるべき甲子の年、それは西暦になおすと一八四年にあたるが、この年を革命を行なうべき時とした。また中国では、五行思想により、各王朝はその徳を象徴する色（青赤黄白黒）がある。漢朝は青であり、新しい王朝は黄であるということから、

「蒼《あお》い天はすでに死す。黄色い天が立つべきだ。そのとしは甲子、天下大吉。」

こういったスローガンを都の洛陽《らくよう》や地方の都市の城門・官庁に大書した。そして仲間のめじるしとして、黄巾《こうきん》をつけた。

かくして一八四年に勃発したのが黄巾の乱であり、この乱によって、後漢の滅亡は決定的となり、それにつれて、州とよばれる行政区分（当時中国は一三の州に分かれていた。州はほぼ今

の省にあたる）をほぼ一つの単位として、地方分権の傾向が生じ、これがさらに離合集散をくりかえすなかから、三国の分立が形成されていくのである。

さて黄巾の乱が勃発すると、後漢は党錮の禁をといて、全力をあげて乱の平定に当たった。私たちはこの乱の平定に働いた人のなかに、曹操《そうそう》・劉備《りゅうび》・孫堅《そんけん》といった名を見いだすことができる。

曹操

❖曹操

曹操・劉備・孫堅この三人のなかで、曹操が一五五年、孫堅が一五六年、そして劉備が一六一年と、ほぼ同じころに生まれ、黄巾の乱がおこったときには、二三歳〜二九歳前後をむかえている。

曹操は沛郡譙《はいぐんしょう》（安徽省亳《あんきはく》）の人。譙は淮水《わいすい》の一支流渦河《か》にのぞむ県で、河南平原を背景にした土地である。曹操の祖父は曹騰《そうとう》といって、桓帝のとき、宦官の中心人物であった。宦官にはもちろん子どもができないので、桓帝のすこし前の時代から、宦官に養子を取ることが許されることになった。曹騰の養子を曹嵩《そうすう》という。すなわち曹操の父である。嵩は曹騰の一族であったとも、同郷の夏侯《かこう》氏の出であるともいわれている。霊帝のとき売官が開かれると、後漢では最高の官である太尉《たいい》の官を一億銭を出して買っている。曹操の家は、おそらく譙《しょう》県では豪族として勢力をふるっていたのであり、曹騰が宦官になったのも、罪があってではなく、志願してなったものらしい。沛郡といえば、あの太平道の組織が作られていった地域のなかにはいっている。曹氏や夏侯氏などは、いったん事がおこれば、かれらの攻撃の対象にされる階層であった。

曹操は頭がよく、機知に富んだ少年ではあったが、けっして品行方正といった、優等生型の少年ではなかった。非行少年のグループに交わり、放蕩《ほうとう》な行ないもおおかった。曹操の心のなかには、自分の生まれた家に対する嫌悪感があったのではなかろうか。祖父である宦官曹騰が、はたして孫の顔を見たであろうか。たとえ見たとしても、曹操が物心つくかつかぬうちに死んだであろう。父曹嵩に対しても、結局は肉親としての愛情を感じたが、成長してからは生活を共にしなかったようである。かれの家庭環境と社会の動きが、曹操に従来の制度や文化にあきたらぬものを感じさせ、かれを改革者に仕立てていった。屯田《とんでん》制、兵戸制、九品官人法への基礎作り、そして五言詩の確立によるかれの文学史への貢献、すべては従来の制度や文化のわくを打ち破るものであった。

曹操は一九歳のとき、孝廉《こうれん》にあげられた。孝廉にあげられるということは、漢代の官吏登用の仕組みから言って、将来の高級官僚が約束されたことになる。また一九歳で孝廉にあげられたことは、当時にあってはかなりはやい出世ということができよう。それからちょうど一〇年、二九歳のときに、黄巾の乱がおこった。かれはすると騎都尉《きとい》に任ぜられ、討伐軍の一員に加わった。騎都尉は近衛の騎兵を監するもので、俸禄は二千石、高級官僚である。もっとも後漢も末であるから、官位の安売りもあったろうし、多少割引きして考えねばならない。乱後、彼は済南《せいなん》の相（知事）に任じられたが、故郷に帰ってしまい、自立の機会を待つことになる。

❖孫堅

曹操より一歳年下の孫堅は、曹操のように正規の道をふんで世に出て来たのではなかった。かれは呉郡富春《ふしゅん》の人である。杭州湾に注ぐ富春江（銭塘江）という川があるが、その河口（杭州より溯上った）北岸にあるのが富春である。いったいこの地方は、かつては越族といって、現在のベトナム族と同じ民族と考えられ、中国南部からインドシナ半島に広く分布していた民族の住地であり、漢代にしだいに、植民と開発が進められてきた。しかしなお山間の地には、これら先住民族が居住し、山越《さんえつ》などと呼ばれており、漢族のフロンティアを形成していた。孫堅が出たころ、朱《しゅ》・陸《りく》・顧《こ》・張などと呼ばれる名家を筆頭に、豪族が生まれつつあり、孫氏も小土豪の一つであったらしい。したがって、曹操のように、かれの郷里のみを足場にして、ま

曹氏略系図

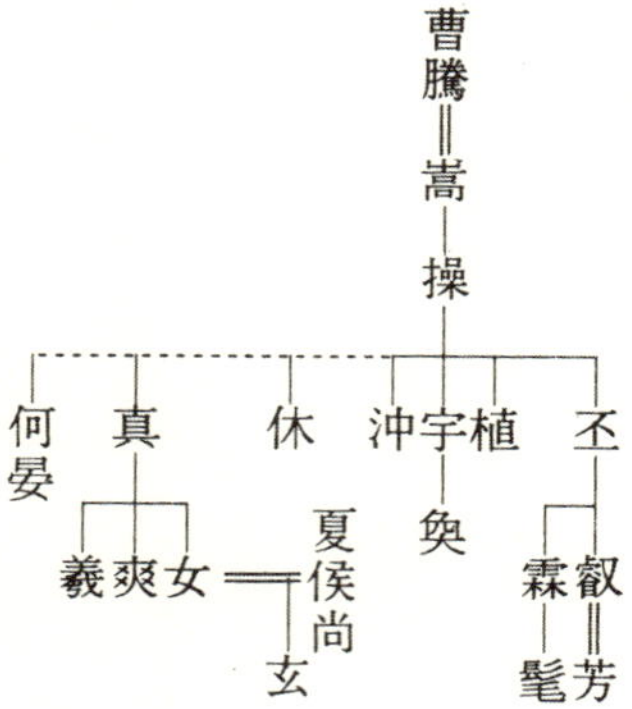

劉氏略系図

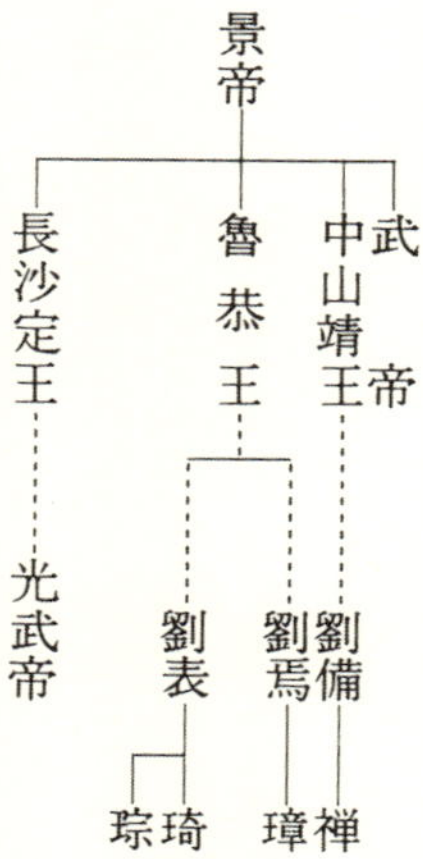

孫氏略系図

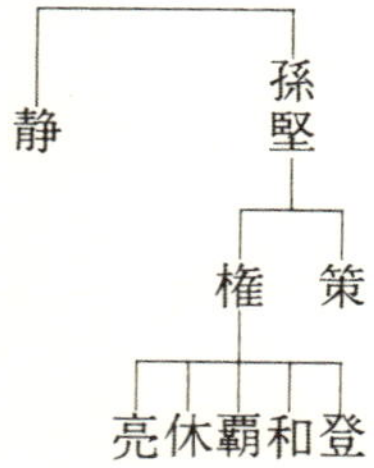

司馬氏略系図

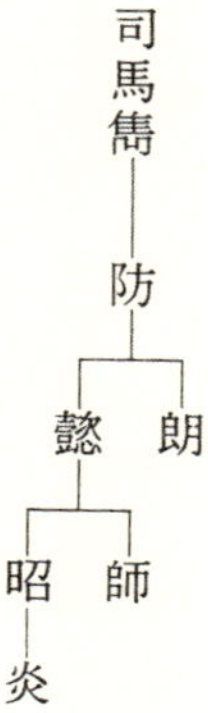

諸葛氏略系図

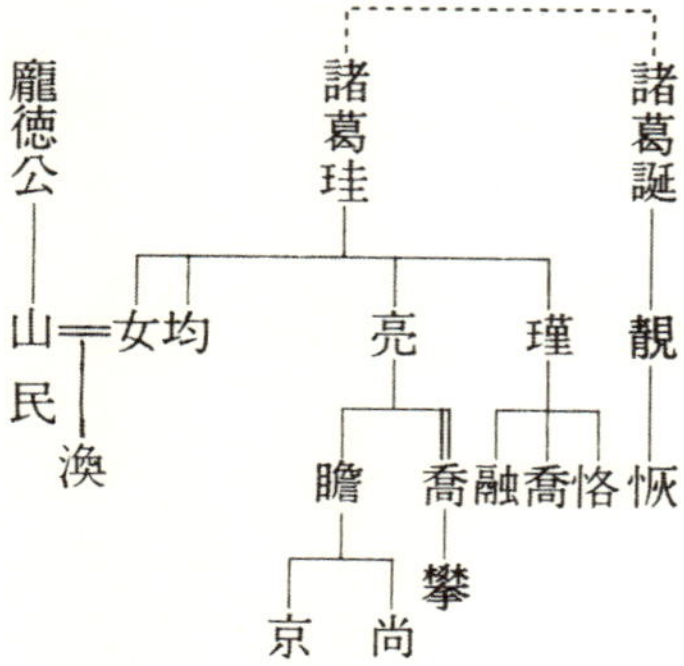

たその一族のみを背景にして、出世することは望めない。さいわいにというか、戦乱が各地におこり、また山越が居住しているこの地域において、武力に秀でていることは有利な条件になろう。中央政府からの援助が期待されないとしたら、みずからの力でみずからを守るしかない。

孫堅は一六歳のとき、父と旅行をして、その途中で海賊を退治して名をあげた。こう書くといかにも正義の味方という印象を与えるが、かれ自身だってこの戦いに負けていればぎゃくに海賊呼ばわりをされていたかもしれない。とにもかくにも、この行為によって有名になった孫堅は、警察署長代理とでもいうべき役に任じられた。こうして地域の治安維持に活躍し、その実力を見込まれて、揚子江の北、故郷からは離れるが、いくつかの県の次官を経て、黄巾の乱がおこると、佐軍《さぐん》司馬（佐軍、すなわち正規軍を助ける別動隊の隊長）に任ぜられて、乱の平定に力をつくした。乱後も長沙《ちょうさ》太守（知事）となるなど、ほとんど郷里を離れて活動したのであるが、弟の孫静《そんせい》がその留守を守って兄と連絡したので、堅はおおくの人と、交わりを持ち、名を知られるにいたった。が、惜しいことに三五歳の若さで戦死した。

❖劉備

この二人より五年ばかりおくれて劉備が生まれた。かれはみずから漢の景帝《けいてい》の子孫と称している。本当かうそかはよくわからない。だがいずれにせよ、かれは自分が劉姓であることを、

劉備玄徳

十二分に活用したといえよう。後漢政府そのものには、もはや人々は希望を失っていた。しかし漢王室－劉姓に対する信望はなおおきなものがあったことは確かである。なにしろ四〇〇年近くの間、劉氏は中国の天子であったのだから。

劉備は河北省涿《たく》の人である。ここは洛陽から北に向かう交通路線の上にある都会で、多くの商人が往来した。かれの父は、かれがまだ小さいころに死んだので、備は母とともに貧乏ぐらしをしなければならなかった。くつをあきない、蓆《むしろ》を織って生計をたてていた。かれが一四歳のとき、一族の劉元起から学資を出してもらって、都洛陽の近くのある私学に勉強に行った。それは盧植《ろしょく》という当時の一流の学者が開いていた。しかし、かれは生まれつき本を読むのは好きでなく、闘犬や競馬に夢中で、世俗的な音楽を好み、そしてなんとなく人をひきつける魅力があり、不良仲間の首領株になっていった。学校はやめて故郷に帰った。涿は交通の要路である。商用でここを通る馬商人が、こうした劉備に目をつけた。かれらは劉備のグループに資金を出してこれを後援した。無事にゆききができることを希望したのであろう。劉備もまた、一つの地域の治安維持者的な役割を、いつしかはたすことになった。関羽《かんう》や張飛《ちょうひ》と義兄弟の約束をしたのも、このころのことであったろう。

黄巾の乱が勃発すると、劉備もまた関羽・張飛らと、その平定に参加するが、最初は義勇兵として参加したところに、曹操とも孫堅ともちがった、劉備の涿県における地位が反映しているように思う。乱後ようやくかれは安喜《あんき》県という小さな県の尉《い》（警察本部長）に任ぜられた。

曹操、頭角をあらわす

❖仲達・孔明・孫権

本書の主人公司馬懿（仲達）と諸葛亮（孔明）の二人は黄巾の乱の始まる直前に生まれた。孫堅の子で、呉の国を建てた孫権も、同時代の生まれである。すなわち一七九年に司馬懿、一八一年に諸葛亮、一八二年に孫権ということになる。

司馬懿は河内温県の人。ここは後漢の都洛陽の北東（約七〇キロメートル）に位置し、当時の中国の経済的にも文化的にもいちばんの中心にあたる。司馬氏はその故郷において、かなりよい家柄であった。司馬懿の祖父も父も郡の太守（知事）に任じられている。世々二〇〇〇石（二〇〇〇石は郡の太守の年俸）の家というわけで、世間から尊敬をうけていた。懿には一人の兄と六人の弟がいる。

諸葛亮は瑯邪《ろうや》の人、現在の山東省沂水《ぎすい》県である。山東には春秋・戦国時代に、斉《せい》という国が

孫権

あって、魚塩の利をほこっていた。『管子《かんし》』は桓公《かん》の宰相であった管仲の作と伝えられている。漢代にはいると、儒教の研究もさかんに行なわれ、斉学という学派もできた。前漢武帝のとき、儒教を国の教えにすることに力のあった董仲舒《とうちゅうじょ》の故郷は山東と河北の境にあったし、後漢の大学者鄭玄《ちょうげん》もまた山東の人であった。

諸葛氏は前漢末に剛直で知られた諸葛豊《ほう》などを出したが、亮の父はようやく郡の次官まで昇進したにすぎなかった。しかし子どもには恵まれており、長男の瑾《きん》は呉に仕えて重臣となり、つぎが亮、そしてほかに男の子、女の子がいた。

孫権は孫堅のむすこであり、兄を孫策という。弟も何人かあった。

さて黄巾の乱が勃発する直前に生まれたこの三人が、成長して二〇歳前後の立派な青年になる間、後漢王朝はその機能を完全に失い、混乱はなおつづいたが、そのなかからようやく、安定に向かってのひとすじの道が見えてきた。その道をひらいたのは、ほかならぬあの曹操であった。かれは時代に適合した新しい政策を取りつつ、一方では後漢の献帝を擁立して、自己の陣営にむかえ名分を手にした。しかしかれの手によって中国がはたして一つの統一された国家として存立されるかどうか、なお大きな疑問であった。

❖董卓の洛陽入り

一八四年春におこった黄巾の乱は、その年の秋、主謀者張角が戦死して平定された。しかしその後も各地にその余党の叛乱はつづいた。乱のおこった原因が原因であるだけに、武力だけでおさえ切れるものでない。黒山《こくざん》・白波《はくは》など各地で乱はつづいた。また異民族の侵入は北方や西北方の国境地帯で絶えることはない。豪族たちは私兵（部曲）を集めて武力を養い、自衛の手段に出た。部曲になるものは豪族の土地を耕作していた人々、または戦乱などによって土地を失った人たちなどが考えられよう。

一方、後漢の政府内でも、王朝による秩序回復を考えていなかったわけではない。そのなかには地方政治をまず建て直すことによって、国家秩序再建の基礎にしようという意見がある。この意見を出したのは劉焉《りゅうえん》で九卿（大臣）の一人であった。劉焉の主張はまず州の長官（牧）に清廉で名を知られている大官を送り込まねばならぬというのである。この案が一八八年に実施され、劉焉自身は益州《えき》（今の四川・雲南方面）の牧に任ぜられ、劉虞《ぐ》がやはり九卿より幽州《ゆう》

（河北）の牧に、党錮の獄に連累したことのある劉表《ひょう》が荊州《けい》（河南の一部湖北・湖南）の牧になるというぐあいである。かれら州牧たちは任地におもむくと、結局はその地域の有力者の助力を得なくてはなにもできないありさまなので、いきおい地方政治の安定から、後漢王朝の回復という大目的は達しにくくなり、前にのべたように州がほぼ一つの単位となって、地方分権化が進んでいく。

孔明が八歳のとき、一八九年に、霊帝がなくなった。そして外戚の何進《かしん》によって、宦官一掃の運動が計画された。何進は人人の反対を押し切って、そのころ陝西・甘粛方面に勢力のあった軍閥、董卓《とうたく》の力を借りようとした。董卓はチベット系の遊牧民族羌《きょう》の討伐で名をあげた猛将であった。

董卓

さて何進の宦官誅滅《ちゅうめつ》計画は、いつしか相手の知るところとなった。かれは妹の何皇后に呼ばれて宮中におもむいたところを、宦官に取り巻かれて斬られた。何進の死を聞くと、その仲間であった袁術や、何進の部下たちは、董卓の到着を待たずに宮中にはいり、さらに袁術のいとこの袁紹もこれに加わって、宮殿に火を放ち、二〇〇〇人あまりの宦官を殺してしまった。そのうちに、すでに洛陽近くに進軍してきていた董卓も、精鋭の部下を連れて入城してきた。董卓は洛陽にはいると、人人が恐れていたように、恐怖政治を始めた。

霊帝が死んで皇帝の位についた少帝は在位五か月で廃位させられ、かわって八歳の献帝が擁《よう》立《りつ》された。ついで多くの人の反対があったにもかかわらず、董卓は都を自分の根拠地に近い長安に移し洛陽に火を放った。

董卓の恐怖政治が始まると、おおくの人が都を離れて地方に逃れていった。袁紹は冀《き》州（河北省の大部分）に、袁術は南陽（河南省）にと。そしてかれらの間に、董卓を倒すことを目的とした同盟が結ばれた。郷里に帰って世の中の推移を眺めていた曹操も、このとき兵をおこして参加した。ときに一八九年一二月のことであった。

それから三年、一九二年に董卓は長安で部下の手にかかって死んだ。董卓が死ねば、同盟はその存続の意味がない。同盟は瓦解し、その構成員だった実力者たちは、たがいに覇権を争って、離合集散をくりかえすが、これらいわゆる漢末の英雄のなかで、最初に注目を浴びていたのは、袁紹と袁術であった。

同じ一八九年、孫堅も戦死した。堅の戦死と、孫氏のその後については、別の機会にのべよう。

董卓や孫堅とは、その社会に及ぼす影響は比較にならないが、諸葛孔明の父もこの年に死んだようである。孔明一一歳。これより三年前に実母を失っていたから、かれは両親を失ったことになる。父の死によって、諸葛家は兄弟が離ればなれに暮らすことになった。一八歳になっていた兄の諸葛瑾は継母とともに揚子江(長江)下流におもむき、孫氏に仕えることになる。亮は弟の均とともに、叔父の諸葛玄をたよって荊州に下った。そして玄が死に一六歳で襄陽の北、隆中に居を定めるまで、玄とともに荊州内をうつり歩いた。

❖四世五公

袁紹と袁術はおたがいに従兄弟《いとこ》の間がらである。そして袁氏は四世五公(四世代にわたって、三公についたもの五人)の名門であった。しかし、かれらはどちらかといえば、過去の名声によりかかっており、未来への展望に欠け、行動も敏速さを欠く点がある。袁紹たちが、土地問題とか官吏登用法といったことに関して、具体的にどのような考えを持っていたのかはわからない。だが董卓死後も、その部下の手におさえられている献帝を、どう処置するかという問題では、いちおう比較することができる。この点について、袁紹や袁術の部下たちのなかにも、このさい献帝を自軍内に迎えて、推戴すべきであるという意見をのべたものがあった。しかし、二人ともぐずぐずしている間に、やはりおなじような建議をうけていた曹操が、ただちに実行にうつした。曹操はそのころ許《きょ》（河南省許昌県）を根拠地にしていたが、この地に献帝を迎えたのである。この行為によって、名目的には曹操のすることは漢室のためにすることであり、曹操に反対するものは、漢室に敵対する賊ということになってしまった。

❖屯田の制

いったいこの許というところは、曹操の故郷譙の西約二〇〇キロ、譙と同じように淮河水系に属し、農業に適することはもちろん、交通の要衝でもあった。しかし当時はうちつづく戦乱で無主の土地も多かった。曹操はそこで許を中心にした地域に屯田《とんでん》を始めた。屯田は漢代にも行なわれていた。漢の武帝が匈奴《きょうど》征伐をしたときに開いた屯田は、軍隊がみずからの糧食を補うように、戦争のないときには農具を持ち、戦争がおこれば武器を取るというもので、このように軍隊が経営する屯田なので軍屯という。ふつうに屯田といえば軍屯をさす。また事実曹操は軍屯を国境地帯では行なっている。しかしここでいう屯田は軍屯ではない。民間から人を募集して、無主の土地を耕させ、それらの人には兵役を免除するというのである。そこでこの方式を民屯といい、民屯は典農官（長官を典農中郎将という）に管理された。

民屯の条件は私牛（自分の牛）を持つものは収穫の半分、官牛（官から牛を借りる）の場合は六割を国家に納めるというのである。おそらくこの率は、民間において豪族が大土地経営を行なうさいの収奪の割合と相応ずるものであったろう。曹操は漢の献帝を擁しているので、官牛などという言葉を使うが、後漢末の群雄たちは、それぞれの地域においてこれに似たようなことをやっていたとも考えられる。なお曹操は一九二年（初平三）に青州（山東）の黄巾を破って、これを自己の勢力下におさめた。かれらが曹操の軍隊や民屯を支える力になったろうことは十分に考えられるし、また移民政策をとって、許の充実につとめている。

さて一般に一組みの夫婦が耕し得る広さを、中国ではむかしから一頃《けい》＝百畝と考えている。これは周代に行なわれた理想的土地制度とされる井田制からずっと続いている考えかたである。曹操がとった屯田（民屯）が、農民に土地を均等に分けて行なう規定を含んでいたかどうかわからないが、のちの課田法や均田法のように土地の分けかたまで規定されていたとしたら、太平均の考えに近づくわけである。曹操なら、そのような考えを取り入れて屯田を行なえたのではないだろうか。

袁術・袁紹・曹操この三人のなかで、袁術がまず脱落した。一九九年、曹操との戦いに敗れ、血を吐いて死んでしまった。その翌年、こんどは袁紹と曹操が天下分け目の戦いをした。両軍は黄河の渡し場、官渡で戦ったので、官渡の戦いという（黄河の流れが変わったので今は陸地になっている）。戦いに破れた袁紹はふたたび勢力をもりかえすことができなかった。曹操は袁紹およびその一族のものをつぎつぎに倒し、また袁氏と結んでいた烏丸《うがん》（桓）族を討伐し、中国北方の覇権を握っていった。

屯田制が曹操の勢力の経済的基礎であったとすれば、兵戸制はその軍事力増強の方策である。これは兵士とその家族を一定の地域内に住まわせ、生活の保証を与えるとともに、兵士には終身兵役の義務を課し、兵士が逃亡などの罪を犯せば家族にきびしい刑を課するというのである。こうして諸制度をととのえるとともに、これを運用する官吏にも適当な人物が必要であると考えた。かれは官吏を採用するとき、家柄であるとか、儒教の道徳を実践することなどを基準にするのでなく、もっぱら才能によるべきことをくりかえしのべている。

❖天下の英雄、君と僕

そのころ劉備はどうしていたか。かれはその持っている才能や武力を、当時の人々からいちおう認められてはいた。しかしかれは不幸にして、根拠とすべき領土をもっていなかった。かつて陶謙から徐州（江蘇省の北）牧を譲られたことがあるが、それを維持することはできなかった。劉備は、袁術・袁紹・曹操そのほか後漢末の英雄たちのほとんどすべてのものと一度は同盟を結んでいるといっても過言ではない。そのために劉備は無節操、うそつき、などと評されるのであるが、このような行動をとらざるをえないところに、劉備の一流たろうとしてなりえない苦悩があるようである。劉備が曹操のところに身をよせていたとき、外出するときはつねに同じ車にのり、内にいるときは、いっしょの座席にすわった。このように表面は非常にしたしかったが、劉備は、じつは後漢の朝廷内にひそかに計画されていた、曹操を打倒せよ、との運動に利用されかけていた。そういうことを知ってか知らずか、曹操はある日劉備を食事にさそった。そして、食事のさいちゅうに言った。

「いま天下の英雄は劉備、あなたと僕とだけだ。袁紹などはとるに足らないよ。」

これを聞いた劉備は思わずはしをおとした。別の伝えでは、曹操が劉備に話しかけたとき、雷が鳴り出したので、雷をこわがるふりをして、はしをおとしたとある。いずれにせよ、曹操のほうでは、いまはこうしていっしょに食事もしているが、いずれは対決せねばならぬであろうと、いわば挑戦状をたたきつけたようなものである。

ところが、後漢朝廷内の曹操打倒運動は失敗し、劉備も当然のことながら許から去った。官渡の戦いが行なわれようとするときには、こんどは袁紹の盟友になっていた。袁紹が敗れると南に逃れて、劉表を頼って荊州におもむいた。

❖ 孫策とその死

つぎに孫堅をみよう。黄巾の乱討伐に参加して、かれもしだいに人々からおもく見られるようになったが、まだ独立するほどの成長はとげていない。袁術が洛陽から董卓を避けて南陽にくると、孫堅は袁術の配下にはいった。そして反董卓同盟軍の一員として活躍し、董卓の軍を破り、長安遷都後の洛陽に突入して、伝国の璽《じ》を井戸の中から探し出したという話も伝えられている。程普《ていふ》（河北の人）・黄蓋《こうがい》（長沙の人）らはこのころからすでに孫氏に仕えている。

当時揚子江中・下流域では、劉表・袁術が二大巨頭であり、そのほか各地に小豪族があって、戦争をくりかえしていた。一九二年、孫堅は劉表の部下黄祖との戦いで戦死した。三六歳。孫権一〇歳である。

孫堅が死ぬとその部曲はいったん袁術の手におさめられたが、堅の子の策が立つと、術から父の部曲をかえしてもらった。孫策はすがたもよく、性格も濶達《かったつ》で、よく笑いながら話をする。また武器をもたせればこれにかなう人もなく、孫策のためなら死んでもかまわないというものもおおかった。張昭（江蘇の人）・呂蒙《りょもう》（河南の人）・周瑜《しゅうゆ》（安徽の人）・魯粛《ろしゅく》（同）ら、呉の名臣勇将として活躍する人材が、策のもとに集まって来た。なかでも周瑜は傾国の美女橋《きょう》氏の姉妹をともに妻とし、兄弟の関係になった。こうして孫策の時代になって孫氏の勢力は成長をとげていった。孔明が頼った叔父の諸葛玄も、その過程に行なわれた戦争にまき込まれて、殺されてしまった。

孫策はようやく袁術からの独立をはかった。これを察して袁術と敵対関係にあった曹操は、さっそく使者を出し、策を討逆将軍に任じ、呉侯に封じ、さらに婚姻関係を結ぶことを提案し、策も承諾した。これは曹操の外交上の策略から出たものであるが、孫策の勢力がもはや無視できないものになっていたことを示すであろう。孫策は曹操のこんなやりかたにいつまでも従ってはいない。曹操が袁紹との戦いに注意を払っている間に、背後から許を襲おうとする計画を立て、その準備をしているうちに、かれがかつて殺した許貢《きょこう》というものの子と、その部下の手にかかって刺されてしまった。

孫策は刺客に重傷を負わされ、いまは死もまぬがれにくいところと知ると、弟の孫権と宿将の張昭を呼んで言った。孫権に向かっては、

「この揚子江下流の地の衆をことごとく引きつれ、袁・曹両軍の戦いの機をうまくつかみ、天下と覇を争うのは、おん身は私に及ばない。だが賢なるもの、能あるものをあげ用いて、おのおのにその心をつくさせ、すでに得た領土を保っていくのは、おん身のほうが私よりすぐれているようだ。」

そして張昭に対しては、

「もし弟がうまくやっていけそうにないなら、君*すなわち自らこれを取れ。」

と語《つ》げた。君すなわち自らこれを取れというのは、その後に劉備が孔明に対しても言っている。このころよく使われたものなのであろう。

こうして孫権が父孫堅、兄孫策の事業をうけつぐことになった。孫策の死は二五歳。孫権一八歳であった。かれは張昭ら先代いらいの臣下の輔佐を得、また自分でも広く人材を集めた。歩《ほ》隲《ちつ》・顧雍《こよう》・陸遜《りくそん》・諸葛瑾（孔明の兄）らが、孫権によって新しく登用された。

＊この言葉は、才能あるものが後をとるのが当然であるとする才能主義と、自分の血縁者につがさなくてもよいとする禅譲ムードと、そして人をして意気に感ぜしめる心情にかりたてるものを含んでいる。

三顧の礼

❖孔明とその友人たち

叔父諸葛玄が殺されてしまったあと、孔明は襄陽の北西隆中に住むことになった。一六歳のときである。おそらく姉が襄陽の龐《ほう》山民に嫁いでいたからであろう。

いったいこの襄陽というのはどういうところか。陝西漢中の地から東流してきた漢水は、桐《とう》柏《はく》山脈にぶつかって、南に折れて揚子江に注ぐ。襄陽はちょうどその曲がりかどにある。古くから交通の要地として知られており、漢水に沿って漢中から長安へも出られるし、また襄陽から北に向かい、河南平野を経て、黄河の流域にも行ける。また南の揚子江流域への交通も容易である。

隆中での孔明は晴耕雨読の日々を送っていた。ときには身長八尺(一八四センチ)のかれの姿を、楽山のなかで見かけた。故郷山東の歌「梁《りょう》父《ほ》吟《ぎん》」がその口の端《は》にいつものぼっていた。

またあるときは、襄陽の街中に友人たちと談笑する人であった。崔州平・徐庶《じょしょ》(元直)、この二人の友人への思い出を孔明はしばしば口にしている。

「むかし、州平と交わって、自分は物の得失について聞かされたものだった。元直と友だちになって、かれからもいろいろ教えられた。友人というものは、功利的な交わりであっては長つづきしない。士がおたがいに知り合うと、あの常緑樹のように『温にも華を増さず、寒にも葉を改めず』で、一年じゅうその友情は衰えることはない。困難な問題にぶつかって、その交わりはますます固くなっていった。」

これはたんに友人に限らず、おそらくかれが生涯を通じての対人関係、主君劉備を含めての、一貫した態度であったろう。

襄陽にはそのほか、石韜《せきとう》・孟建、義兄でもある龐山民、山民のいとこの龐統《ほうとう》(士元)らがおり、また年長者として山民の父龐徳公《ほうとくこう》、司馬徽《しばき》・宋忠《そうちゅう》らがいて、後輩を指導しつつ、世論を形成していた。かれらの共通の話題になるのは、後漢がどうなるか、荊州はいまでこそ劉表のもとで安定しているが、こんごどうなっていくだろうか、われわれは将来どうすればいいのかといったことであったろう。そのようなとき、孔明は、おれは〝故郷山東の生んだ名臣管仲、勇将楽毅のようなものになる〟と大言し、〝きみたちはせいぜい州の牧か郡の太守どまり〟と壮語して、またあいつのおはこが始まったと笑われていた。崔州平と徐庶だけがそういう孔明を理解してくれていた。

龐徳公はつぎのように言っている。

「諸葛孔明は臥竜《がりょう》、龐士元は鳳雛《ほうすう》、そして司馬徳操《とくそう》（徽《き》）はかれらをうつす鏡。」

❖劉備との出会い

こうしていつしか一〇年の年月がすぎていった。それは劉備にとっては荊州での無事の六年であった。それまで戦場を馬で走り回っていたのにいまは静かな生活がつづいている。劉備の髀《ひ》（また）にはぜい肉がついてしまった。これに気づき、備は、髀肉《ひにく》の嘆《たん》をかこつのであった。

劉備はいまだに領土をもたず、劉表に身をよせているにすぎないのだが、かれにはなんとなく人をひきつけるものがあるらしい。劉表の部下のなかにも、劉備に心をよせるものも出てきて、劉表との関係もしだいに微妙なことになってきた。劉備にはすでに関羽・張飛・趙雲《ちょううん》といった武将が多く従っている。しかしかれが飛躍するためには、知謀の士が必要である。またかれが曹操なり孫権なり、あるいは劉表なりに対立するためには、もはや武力だけではいかないようになってきている。外交官の活躍にたのまねばならないことがおおい。外交の舞台に立つ人物は、才能もあると同時に教養とか家柄が要求される。曹操や孫権はすでにこうした人を何人か自己の陣営におさめている。

劉備がこうして知謀の士を探し求めていたころ、さかんに臥竜《がりょう》諸葛孔明、鳳雛《ほうすう》龐士元の名が聞こえてきた。

「自分は諸葛孔明に会いたいと思うが、きみの友人なら、いっしょに連れてきたらどうなのだ。」

劉備が徐庶に言うと、庶は答えた。

「この人には、こちらから出かけていって会うべきなので、呼び寄せるなんてことをしてはいけません。あなたのほうから、孔明の家を尋ねられるのがよろしいでしょう。」

劉備は新野から隆中まで約八〇キロの道を二度尋ねたが会うことができず。三度目にようやく会って、君臣の契《ちぎり》を交わした。「三顧《さんこ》の礼《れい》」で孔明は迎えられたのである。

❖天下三分の計

孔明が劉備の臣となることを承諾して、最初に劉備の質問に答えたのが、有名な「草盧対《そうろたい》」すなわち天下三分の計である。この計については、そこに展開されている議論と、のちの天下の情勢が動いていく道とがほとんど一致するので、はたして真実のものかどうかを疑う人もある。しかし現在伝わっている天下三分の計が、孔明の答えのもとのままの形ではないにしても、あとからつくったものではないであろう。当時天下が分裂するであろうことは、孔明のみなら

劉備、関羽、張飛

ず、多くの人によってほぼ予測され説かれていたであろうことだからである。もちろんその具体的な内容となると、それを説く人の立場がはっきりとあらわれて、異なったものとなってくる。孔明の三分の計はつぎのようであった。

「董卓が出てからこのかた、豪傑は並びたち、州に跨《またが》り、郡に連なるものは数えきれないほどです。曹操は袁紹にくらべれば、すなわち名声は微《かす》かなものであり、衆は寡《すくの》うございました。けれども曹操はけっきよく紹に克《か》つことができました。弱い力を強くなしえた理由は、ただ天の時が味方しただけでなく、そもそも人の謀《はかりごと》が力あったのです。いま曹操はすでに一〇〇万の衆を擁するようになり、天子を挾《さしはさ》んで諸侯に号令を下しています。これはまことにともに鋒《ほこ》を争って戦うことはできぬものです。

孫権は江南（揚子江の下流）を手に入れ、すでに三代をへています。国は険阻であり、民はこれになついています。賢能なるものが、孫権の手足となって働いています。これはともに援助しあうべきで、その国の一部でも取ろうと考えてはいけません。

荊州は北は漢沔《べん》の流れがあって要害をなし、利は南海までもつくし、東は呉・会稽《かいけい》に連なり、西は巴・蜀に通じております。これは武を用うるの国でございます。それなのにその主（劉表）は守ることができません。これはちょうど天が将軍に力をかすところであります。将軍荊州に気がおありですか。益州は四方に山があってふさがり、中央は地味のよい所が千里も広がり、天然の倉庫でございます。漢の高祖はここの地に王となって天下統一の事業を成しとげました。ところが益州牧の劉璋《りゅうしょう》はおろかな気の弱い男でございます。米《べい》賊《ぞく》の張魯《ちょうろ》が北におります。民は豊かに、国は富んでいるのに、慰問救済することができません。そのゆえに益州の知あり能ある人は、すぐれた君主を奉戴したいと思っております。将軍はすでに後漢王室の血筋であられ、将軍の信義あることは、天下じゅうに有名であります。英雄をすべて味方につけ、賢者を得んと思うことは、渇したものが水を求めるようなものです。もし荊益の二州を跨《またが》りたもち、その険阻な境をきちんと守り、西の方はもろもろの戎《じゅう》を和《やわら》げ、南の方は夷越を綏撫《すいぶ》し、外に対しては孫権と好《よしみ》を結び、国内では政治をきちんとし、天下に変事がおこれば、一人の上将に命じて、荊州の軍をひきいて、宛《えん》（南陽）・洛《らく》（洛陽）の方に向かわせ、将軍はみずから益州の衆をひきいて、秦川《しんせん》（陝西）から出撃される。こうなれば百姓どもは、だれが食物をもち、飲物をもって、将軍を迎えないものがありましょうぞ。みな、あなたを迎えます。もしほんとうにそういうことになれば、覇業はきっと成就《じょうじゅ》できますし、漢室も復興することができます。」

つまり北方の曹操、揚子江下流の孫権と鼎立《ていりつ》し、揚子江の中・上流を領土にし、後漢の王朝が倒されるようなことがおこったら、この両地方から攻めのぼれば、漢室復興の大目的もたちどころに成るというのである。

劉備はこの意見をきいてもっとももなこととし、孔明に対する信任を、日ましにあつくしていった。関羽や張飛はそれが不満である。劉備はこの二人の心の動きを知ると、さっそくつぎのように告げたものである。

「私と孔明とのあいだは、ちょうど魚と水のようなものなのだ。一日でも水がなければ、魚は死んでしまう。どうかきみたち、二度と言ってくださるな。」

それで劉備と孔明のようにおたがいに信頼しきった君臣関係を、「君臣水魚《くんしんすいぎょ》の交《まじわり》」という。

❖魯粛

呉でも同じように、天下三分の論議がさかんであった。孫権が魯粛に、

「いま、漢の王室はかたむき、四方に雲のごとくわきたった英雄たちが、天下を擾《さわ》がして

いる。私は父や兄の残した事業をうけついで、むかしの斉の桓公・晋の文公のような覇王の仕事をしたいと思っている。あなたはすでにさいわいにも私のことを気にかけてくださったが、どういうやりかたで、私を佐《たす》けようとなさるのか。」

こう尋ねると、魯粛が答えていうには、

「むかし漢の高祖劉邦が、身を卑《ひく》くして義帝を尊びこれに事《つか》えようとして、それができなかったのは、項羽《こうう》が義帝を殺してしまったからです。これを現在にあてはめれば、曹操が項羽にあたります。しかし時代が違っています。どうして斉の桓公・晋の文公のような覇業をなしとげることができましょうか。私がひそかに考えますのに、漢の皇室を復興することはできませんし、曹操を除くことも結局できますまい。将軍、あなたのために計略をめぐらしますならばただ一つ。江東を保って、この二つの勢力と鼎立し、天下の争乱を観望なさるだけです。天下の情勢は以上のようでございます。これをどうして嫌うことがありましょう。なぜかというと、北方はまことに多事だからです。北方の多事に乗じて江夏太守黄祖《こうそ》を討ち滅ぼし、進んで荊州の劉表《りゅうひょう》を伐《う》てば、揚子江の上流まで占領することになりましょう。その後帝王を称して天下を征服すれば、高祖の事業に匹敵することができます。」

孫権はこれに対し、

「いま力をどちらか一方につくすとすれば、漢のほうをなんとしても助けたいものだ。これは言うに及ばないところだが。」

と答えたにすぎなかった。これは孫権が兄のあとをついだ直後のことであったから、劉表のことは言っているが、劉備のことはぜんぜん考慮されていない。しかし天下の一方に自立して、他の勢力と鼎立すべきことが説かれている。また甘寧《かんねい》というものも、孫権に、

「いま漢の皇室は日におとろえ、曹操はいよいよおごり、ついに簒奪《さんだつ》をしようとしています。荊州の地は揚子江がその中央を流れ、山陵の形もつごうよく、これこそ呉国の西側の勢力をなす地であります。私はまえに劉表に仕えて観察したことがございますが、かれの考えには遠い先まで見抜くものはありませんし、子どもたちは劣っており、父の表の事業すらこれを承《う》けつぎ、伝えていくことができるようなものはおりません。あなたは早く荊州を取りなさい。曹操におくれを取ってはいけません。荊州を取るにはまず黄祖を討ちなさい。黄祖をうち楚関によればさらに西の巴蜀もはかることができます。」

と進言している。こうして荊州がようやく人々の注目のまとになってきた。なお黄祖が権にとっては父孫堅の仇《かたき》であることはまえにのべた。

❖仲達と曹操

司馬氏は漢代からすでに一流の家柄として尊ばれていた。人を採るには才能をこそ重視すべしとの考えかたが、曹操の基本的なものではあるが、家柄をぜんぜん認めないわけではないし、家柄のよいもののなかにも、才能を持つものはおおくある。また家柄が役に立つ場合もあるのだ。

曹操が文学においても新しい方向を開いたことはすでにのべたが、かれの代表作『短歌行』のなかにも、

「青々たる子《きみ》が衿《えり》、悠々たる我が心
但《ひと》えに君の為の故に、沈吟《ちんぎん》して今に至りぬ、
呦々《ゆうゆう》と鹿は鳴きて、野の苹《よもぎ》を食らう、
我に嘉《よ》き賓《ひん》あれば、瑟《ひつ》を鼓《ひ》き笙《しょう》を吹かん」

と、人材を求めてやまない心情をのべている。

司馬氏に対しても、これを自分の陣営に引き入れようとした。まず司馬懿の兄司馬朗が、曹操の開いた幕府の一員としてむかえられた。朗は一二歳のときに、経書の試験をうけて童子郎になった。その後も儒学の勉強をし、古典にあることをそのまま実行に移そうという理想をい

だいていた。周の五等爵制（公侯伯子男）を廃したことに、天下混乱の遠因があるので、その復活を考え、また地方行政区域単位ごとに軍備を充実させること。人民が分散し無主の土地が増えたのを機会に、土地を公田にして、井田制を復活すべきことなどを説いている。曹操もその説をすべて採用するにはいたらなかったが、魏の兵制には朗の考えが取り入れられているとは、『三国志』の著者陳寿の説である。なおのちに司馬氏が天下を取り晋王朝が成立すると、五等爵制は復活したし、占田・課田制と呼ばれる土地制度が始まるが、司馬朗の考えがその基礎になっていたといえよう。

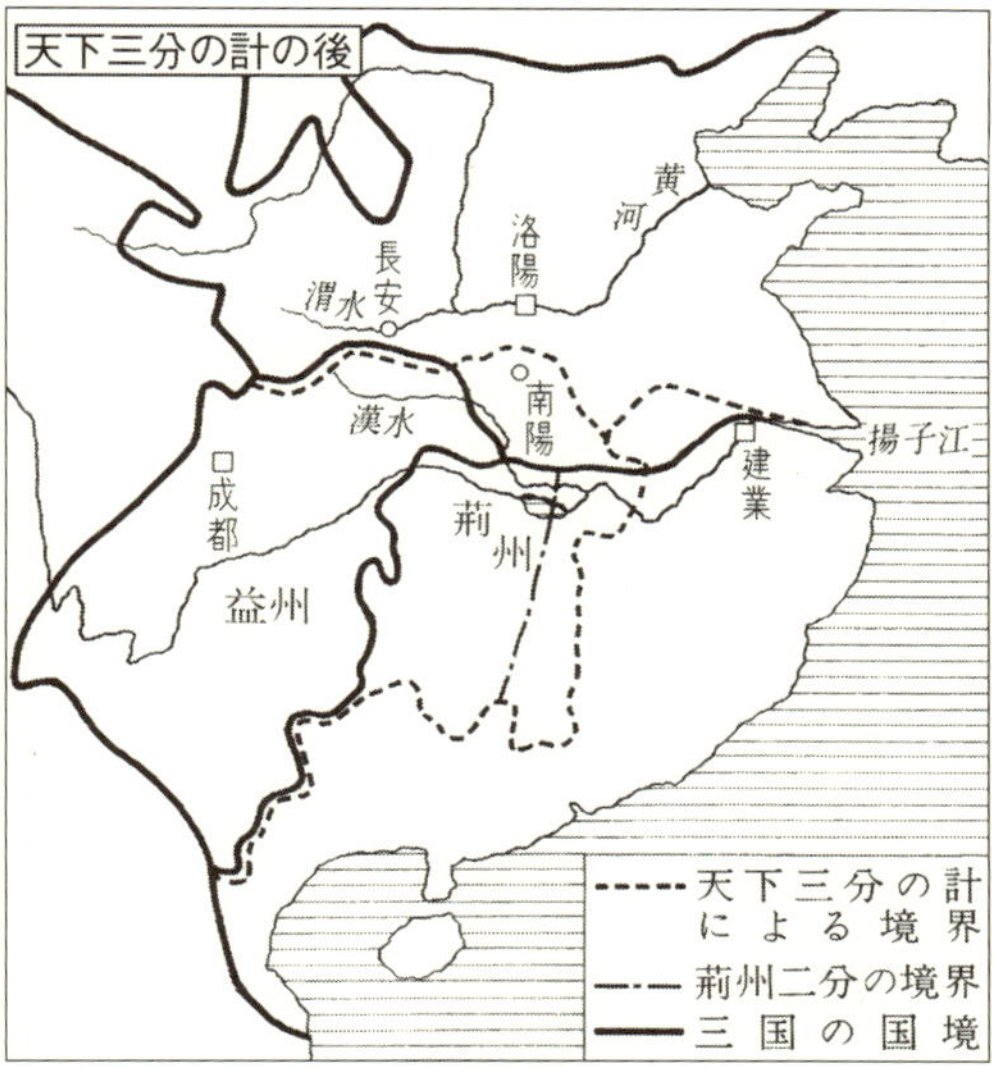

天下三分の計

　司馬懿もまた曹操から、なみなみならぬ関心を示されていた。かれの少年時代については、なにひとつ逸話らしい話が伝わっていない。つねに慨然として天下の混乱を憂えていたという。そしておそらく、経書の勉強にいそしんでいたのであろう。

　曹操が懿に、その幕府に出仕しないかと誘ったところ、かれは漢運がすでにおとろえて、これを回復させることは無理なことを知ってはいたが、しかし節をまげて曹操に仕える気にもなれず、風《ふう》痺《ひ》（筋肉がゆるんで手足がしびれる病気）が出て起居するあたわずといってことわった。曹操はあいつのいうことは本当かと夜になって、そっとしらべにやらせると、懿はじっと寝ていて身動きひとつしようとしない。ところがある日、書物の虫干しをしているさいちゅうに、にわか雨があった。足腰も立たぬはずの司馬懿が、あわてて本のかたづけにとりかかった。それを一人の女中が見てしまったわけだが、かれは女中の口から真相がもれるのをおそれて、かわいそうにその女中を斬り殺してしまった。

こうしていったんはことわられたものの、曹操の司馬懿に対する執心は強かった。懿個人の能力もさることながら、司馬氏の持っている社会的な影響力が魅力だったのかもしれない。曹操は司馬懿に向かってふたたび自分の部下として出馬してくれないかと頼むいっぽう、使者に対して、こんどぐずぐず言おうものなら、首に綱をつけてでもして、引っぱってこいと、命じている。司馬懿も曹操のこの威勢におそれをなし、文学掾の職につき、さらに太子の曹丕《ひ》と親《ちか》しくなった。それは二〇八年（建安一三年）ごろのことと思われる。司馬懿二九歳ぐらい、曹丕（のちの魏の文帝）は懿より八歳の年下である。そして孔明が劉備に迎えられたのと、これまたほぼ時を同じくする。

II

荊州より益州へ

曹操の荊州占領

❖甄皇后の悲劇

曹操は二〇〇年（建安五）の官渡の戦いで袁紹を破り、ほぼ北中国の覇権をにぎったが、その後も袁氏の残党を徹底的に討ち滅ぼした。この袁氏誅滅《ちゅうめつ》に関連して、つぎのような話が伝えられている。袁紹の子を袁熙《えんき》といい、妻は甄《けん》氏の出である。かの女は非常な美人であったので、袁熙が戦死したあと曹氏にとらえられて、曹操の子曹丕《そうひ》の妻（のちに皇后）にさせられてしまった。建安七子（建安時代の代表的な七人の文学者）の一人に、孔融《こうゆう》というものがいた。かれは才能があり、また孔子二〇世の孫にもあたり、ともすれば宦官の孫の曹操をいやしんでいたらしい。この孔融がもちまえの機知をはたらかせて、いやがらせを言った。

「むかし、周の武王が殷《いん》の紂《ちゅう》をたいらげたあと、妲己《だっき》を弟の周公に与えたということがございます。」

紂王は美人の妲己に首ったけで、国を滅ぼしてしまったのである。曹操がその話の出典はどこにあると尋ねると、孔融は答えた。

「べつに出典はありません。いま、あなたがなさったことで、むかしのことをおしはかっただけです。」

曹操は腹をたてた。ところでこの甄氏の美しさに引かれたのは、ほかならぬ曹操自身であったともいわれる。また曹丕の弟の植《しょく》も、ひそかにこの女性にあこがれていた。曹丕と曹植の仲が悪くなったのも、甄氏が曹丕の夫人になったことが一つの原因とさえいわれる。

若い女性の立像（漢代の彩色土器）

ところでこの女性、曹丕が魏の皇帝になると皇后に立てられたが、ほかの女性のざん言のために刑死した。曹植は皇后の死後、かの女のために賦《ふ》をつくった。「洛神賦《らくしんふ》――洛水の女神を詠《よ》んだ賦」という

題である。そのなかで植は洛神じつは甄皇后の美しさを、

「洛神のすがたは、軽くしなやかなことはまるで鴻雁《こうがん》（かり）が飛ぶように、たおやかになまめかしいことは、まるで蛟竜《こうりゅう》が遊ぶよう。秋の菊より栄え曜《かが》やき、春の松より華《はな》やかに茂る。ほのかなること、軽き雲の月を蔽うように、ひるがえること、流れる風が雪を廻らすよう。遠くのぞめば旭日が朝霞の間よりのぼるように、近くみれば芙蓉《ふよう》が緑なす波のなかからでてくるよう。ふとりさかげんは中を得、背の高さもぴったりと、肩はすんなり削ったように、腰は素《しろいと》をたばねたよう。頸はながく項《うなじ》はひいで、香油白粉を加えなくても美しい。髻《もとどり》は高く眉はまがり、朱《あか》き唇と皓《しろ》き歯は映じ合い、目はうつくしく靨《えくぼ》は婉である。」

いったん人に嫁しながら、戦争のために夫を失い、また別の男にむりやりにゆかねばならぬ。甄氏がたどったような悲劇の道を、おおくの女性が歩んでいった。ここにもう一人蔡琰《さいえん》（蔡文姫）のことをお話ししよう。

❖才媛蔡文姫の不幸

蔡琰は蔡邕《よう》の娘である。蔡琰（一三三〜一九二）は曹操などよりは、さらに一世代前の人であるが、後漢末の学者・詩人として有名であった。邕が「万里の長城に出征した夫を思う妻」

にかわってうたった詩は、曹操たちのいわゆる建安文学のさきがけをなすものとさえいわれている。

蔡琰は父に非常にかわいがられたが、やがて同郷の衛氏に嫁した。しかしまもなく夫に死別し、かの女の悲劇は始まった。実家に帰ったところ、董卓《とうたく》の長安遷都にあい、その混乱のなかに、かの女は匈奴《きょうど》の兵に連れさられて、その地に一二年をすごし、二人の子さえ生まれた。曹操は蔡琰の子孫が絶えるのを心配し、琰が連れ去られて匈奴にいるときき、金を出してこれをとりもどし、自分の手で董家に嫁がせた。かの女は心ならずも三度まで夫をかえたのである。『悲憤《ひふん》の詩』は蔡琰が、董卓の洛陽入城から句を起こして、匈奴に連れていかれて、ふたたび中国に帰ってくるまでのことをのべたものである。かの女の悲しみと憤りの気持ちが、せつせつと読む人の胸をうつ。その一節を紹介しよう。

「自分は故郷に帰ることになって嬉しいが、匈奴でもうけた二人の子をすてねばならない。いま別れたら、二度と会うことはできないであろう。子どもたちにさようならの言葉をかけるのがたえきれない。子どもは私の首にだきついて言う。お母さんはどこにいこうとするの。よその人は言っています。お母さんは行ってしまわれるのだと。また帰ってこられるときがあるのでしょうね。お母さんはいつもやさしかった。思いやりのあるおかたでした。それなのにいまはなんと無慈悲なのでしょう。私はまだ一人前になっていません。どうして私のことを考えてくださらないのですと。この子たちを見ると胸はさけ、はらわたがちぎれる思いがする。」

かの女にはなお苦難がつづく。新しい夫の董祀《とうし》は屯田都尉の役についていたが、罪を犯して死刑になろうという。蔡琰は夫の命乞《いのちご》いのために、曹操の所に出むいていった。曹操は蔡琰がたずねてきたときくと、満座の客に向かって、「いまあの蔡邕の娘が外に来ている。諸君たちにお見せしましょう。」蔡琰は髪もおどろに、はだしで進み、夫の罪の許しを乞うた。満座の人々はかの女のすずやかな声音《こわね》と、辞《ことば》のせつせつたるものにうたれ、思わず容《かたち》を改めたという。かの女はさらに曹操に乞われるままに、父の持っていた蔵書のリストを書き出した。こうして夫の罪もゆるされたのであった。

❖長坂橋上の張飛

話がよこにそれたが、曹操は袁氏一門を徹底的に攻めるとともに、袁氏の傭兵として活躍した烏丸《うがん》（桓）族を攻撃した。烏丸は蒙古高原の東から満州の地方にかけて住んでいた遊牧民族である。曹操はこの戦いで烏丸の民二〇万を捕虜とし、これを壊滅させ、魏の軍隊にくり入れた。曹操はまた匈奴をうち、これも五部に再編して魏の軍隊のなかに加え、単于《ぜんう》を根拠地の鄴《ぎょう》に住まわせた。このように北方の遊牧民族を傭兵として軍隊のなかにおさめたのは、ちょうどローマ末期に、ゲルマン民族が傭兵としてローマ領内にはいって来たことと対応するであろう。北中国平定の事業が一段落すると、曹操は休むまもなく、南方の荊州平定に出撃する。そして同じ年、かれは後漢王朝の丞相《じょうしょう》に任ぜられて、王朝内での地位を高めた。

曹操が荊州への出撃の途上には、屯田がおこされ、軍需補給にも、そうさしさわりはない。張遼《ちょうりょう》らの武将を途中に配置して、七月、曹操みずからも荊州に進発した。そのころ孫権も劉表の部将で、父の仇でもある黄祖をたおして、荊州占領への足がかりをつかみかけていた。こうして長い間、劉表の指導下に平穏を保っていた荊州は、腹背から敵を受けることになった。しかもこの大切な時になって、劉表自身が病にたおれ、しかも残された二人の子は仲がわるい。劉表が死ぬと父にかわいがられていた弟があとをついだ。弟に追われた形の兄は劉備やとくに孔明にちかづいていったことを記憶しておいてもらいたい。

まぢかに迫っている曹操にどう対応するか、会議が招集された。降服論が大勢を占めた。建安七子の一人で、そのころ荊州に来ていた王粲《おうさん》も、このさい曹操の軍門に降服するよう勧めた一人である。事は決定されたとおりに運んだ。ところで荊州が曹操に降服するということは、急にきまったことであり、もともと客将にすぎないし、またそれほど仲のよくなかった劉備には、一言の通知もなかった。それで曹操が一挙に劉備の居城樊《はん》城へ迫るまで、劉備は気がつかなかった。おどろいたのは劉備である。急に攻め込まれて、とるものもとりあえず、樊城をす

長坂橋上の張飛

てて南下した。おち行く先は蒼梧《そうご》（広西）と考えた。劉備の一隊のなかには生後一年の阿斗《あと》（後主劉禅《りゅうぜん》）やその生母の甘夫人など、婦人や子どもも含まれているので、行動力がきわめて限定された。一日に一〇余里（一里は約四〇〇メートル）しか進めない。いっぽう曹操は劉備が江陵《こうりょう》まで逃げのびるとやっかいなことになるというので、猛スピードで追いかけさせた。それでたちまちのうちに当陽《とうよう》の長坂で追いつかれてしまった。このとき張飛が二〇騎をひきいて殿軍《しんがり》をつとめ、

「われは張益徳なるぞ、尋常に勝負せよ。」と、長坂橋上で、矛《ほこ》を横ざまにして、目をいからして叫んだので、魏の軍もそのいきおいにのまれて、よう近づこうとしなかった。また趙雲は、敵の手中におちた阿斗母子をさがし出し、取りもどしてきた。こうして劉備の一行は、漢水と揚子江の合流点夏口《かこう》（漢口）におちついたが、曹操もまた揚子江の流域にまで南下して江陵《こうりょう》をおさえることになった。

❖孫権と荊州

呉のほうでは、劉表の死、曹操の荊州占領というこの事態をどううけとったか。魯粛はつぎのように言っている。

「荊州は呉と隣りあっております。またこの地は天然の要害で、肥えた土地が万里もひろがり、経済力もゆたかで人口もおおうございます。もしこの地を占領するならば、これは帝王の業をなす資となります。いま劉表は亡くなったばかりで、二人の子はもとから仲がよくありません。それで荊州の将軍たちは、あちらにつこうか、こちらに仕えようかと迷っています。そのうえ劉備は天下の梟雄《きょうゆう》で、曹操をきらい、怨んでいます。劉表のところに頼ってきていましたが、劉表は備の能力あるのを悪《にく》んで、かれをよく用いきることができませんでした。もし備と劉表の子とが心をあわせて、一つになれば、これと同盟を結ぶのがよろしうございます。しかし劉備と劉表の子が離ればなれになるなら、別の方法をとらねばなりますまい。私にどうか劉表の二子への弔問に行かせてください。劉備に劉表の衆を撫《ぶ》して、心を一つにして、曹操に当たろうではないかと申してまいります。そう言えば備はきっと喜んで命に従うことでしょう。こうしてあなたさまと劉備と協調できれば天下を定めることはできます。いまはやくまいりませんと、曹操に先んぜられてしまうで

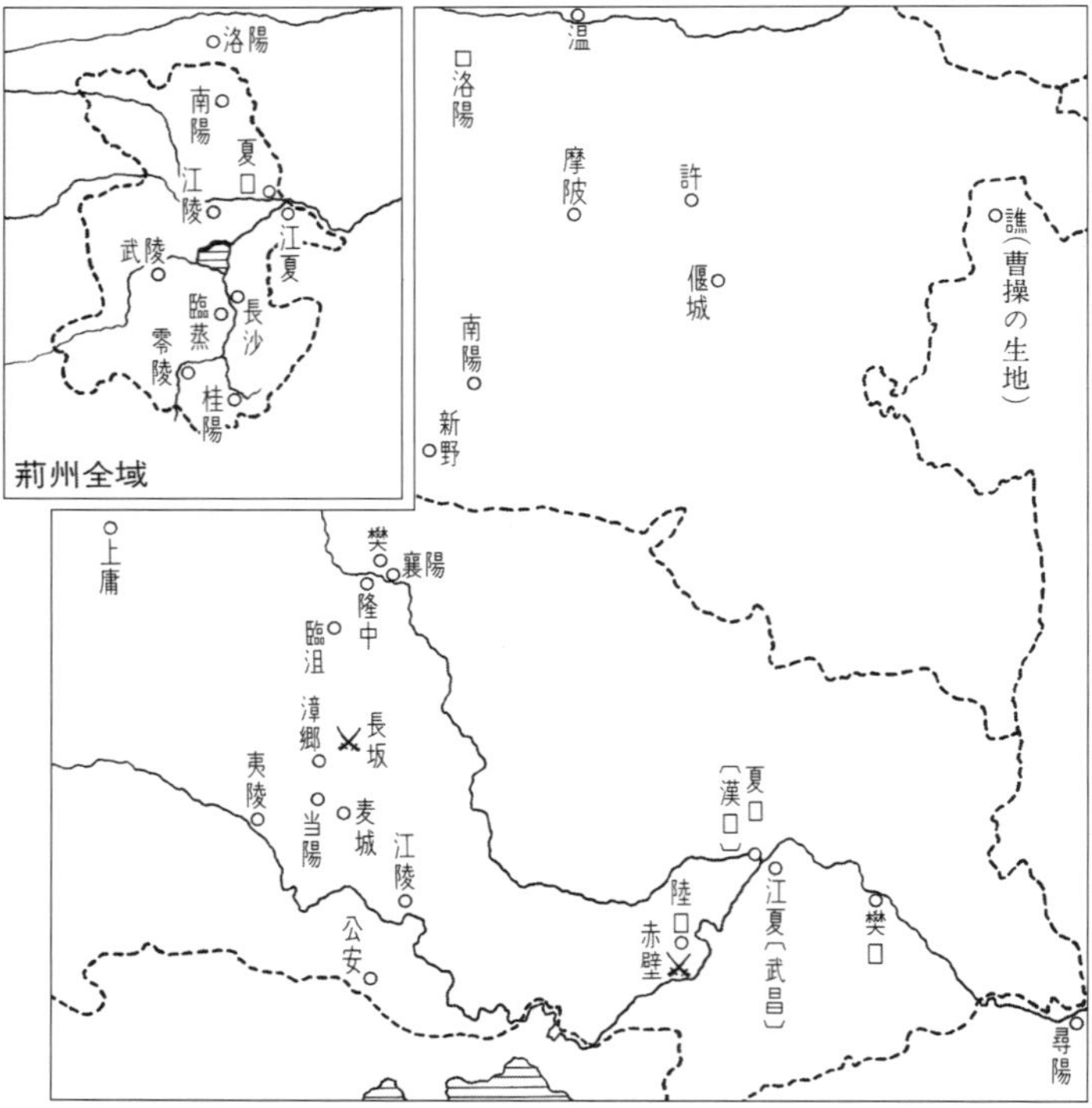

荊州要図

しょう。」

孫権はさっそく魯粛を荊州に派遣した。荊州に向かう魯粛、荊州から逃げだした劉備、この二人が出会ったのは当陽であった。魯粛はすでに夏口で曹操がみずから荊州に向かって出撃したと聞き、南郡《なんぐん》についたときには劉備が南に逃げ出したとの報知を得ていた。

当陽で魯粛は劉備に向かい熱心に孫権との同盟を説いた。また劉備のかたわらにいる孔明にも、

「私はあなたの兄君諸葛子瑜《しゅ》の友人ですよ。」

と話しかけた。魯粛は諸葛瑾（字子瑜）の二歳年上であった。

孔明がかれの天下三分策を成功させるためには、どうしても荊州を確保しなくてはならない。とすれば孫権と連合して曹操にあたり、とにかく曹操を荊州から追い出すことが先決であると考える。魯粛もまた、かれの構想を実現するためには、荊州を曹操の占領下においておくわけにはいかないと思っている。それぞれのおもわくは一致しているわけではないが、さしあたって曹操を荊州から追いはらおうということでは共通しているのである。それではこの同盟がすんなりまとまるかというと、困難は孫権のがわにおおかった。劉備は蒼梧まで逃げてゆくつもりだったのだから、孫権との同盟は願ったりかなったりである。しかし孫権の陣営のなかには、それまでして曹操と敵対する必要があるのか、曹操に降参したからといって、自分たちが、呉の地方できずいてきた立場は、そうかんたんにくずれることはない。それならなにも戦争をしなくてもと考える人もあったのである。そのような考えはとくに揚子江下流の土着の人におおかった。

それからこれは、孫権・劉備どちらのがわにも言えることだが、曹操に勝ったあとのことを考えれば、同盟を結ぶさい、イニシアチブを取っておく必要はある。この点は孫権がやや有利であったろう。

赤壁の戦い

❖孫権と孔明の会見

曹操から孫権のもとに一通の手紙が送られてきた。

「近ごろ詔勅を奉じて罪あるものを討つ。旌南《せいき》指して劉琮《りゅうそう》は手を束《つか》ねて降伏す。いま水軍八〇万の衆を治めて、将軍と会猟せん。」

いっしょに猟でもしようかという文面であるが、そのうちには、おまえのところこそ猟の対象だぞという意味がかくされている。曹操からこのような手紙をうけとるまえに、魯粛の仲介で、孫権と孔明は会見し、劉備・孫権同盟はおおよそ成立しつつあった。その会見の模様はつぎのとおりである。孔明が言った。

「海内《かいだい》がおおいに乱れるや、将軍は兵をおこして、江東を占領なさった。劉予州（劉備）もまた衆を漢水の南におさめて、曹操とならんで天下を争っていました。いま曹操は群雄を退治して、ほぼ平定に成功し、とうとう荊州をうちやぶって、その威力は四海を震わしています。それで英雄も武を用いる余地がなくなり、劉予州も逃げだしてこのようなことになりました。どうか将軍、あなたの力を量《はか》って、この事態に対処してください。もしよく呉越の衆をもって、中原の軍（曹操をさす）と対抗するのなら、早くこれと交わりを絶つにこしたことはありません。もしこれと敵対することができないなら、あなたはどうして軍を引きとどめ、武器を束ねて、これに臣下としてつかえようとしないのですか。いま将軍は外に向かっては服従するという名にかこつけて、内心では猶予《ゆうよ》の計をいだいていられる。事態は急であって、決断されないと、禍はすぐにもやってくるでしょう。」

初対面の、しかも自分と同年輩の孔明から、このように語《つ》げられて、孫権は言葉すくなく反論した。

「まことにあなたのおっしゃるとおりなら、どうして劉予州は急いで曹操に仕えないのか。」

孔明は、言う。

「むかし田横《でんおう》というものは、斉の壮士にすぎなかったのです。それなのに義を守って漢の高祖の招きをことわり、辱《はずかしめ》を受けませんでした。まして劉予州は王室の後裔、そのすぐれた才能は世をおおうほどであります。おおくの士がこれをしたい仰いでおります。それは川の水が結局海に帰するようなものなのです。事が成功しないのはこれは天命なのです。どうしてまた曹操の下につけましょうか。」

劉備はけっして曹操に降ることはない。劉備の立場がそれを許さない。しかし孫権、おまえはどちらの道を選んでもよいのではないかというのである。この答えをきいて孫権は言った。

「われは全呉の地、一〇万の衆を挙《あ》げて、他人からの支配を受けることはできない。わが計は決まった。劉予州でなければ、曹操に当たれるものはない。けれども劉予州は長坂で戦いに敗けたばかりで、どうしてよくこの難儀にむかうことができようか。」

孔明は言う。

「劉予州の軍は長坂で敗けたとはいえ、いま戦士たちの劉備のもとに還ったもの、それから劉予州とは別の途をとった関羽のひきいる水軍の精鋭部隊一万人、劉表の長子で弟に荊州牧の地位を奪われた劉琦《りゅうき》も江夏の戦士を合わせています。これも一万人をくだりません。曹操の衆は遠く北方から来て疲弊しています。劉予州を追って軽騎兵は一昼夜に三〇〇里あまりも進んだときいています。これはいわゆる『彊弩《きょうど》の末勢魯縞《ろこう》も穿《うが》つことあたわず』というものです。だから兵法でも『一〇〇里にして利に趨《おもむ》くものは上将軍をたおす』といって忌《い》んでいます。そのうえ北方の人は水戦になれていません。また荊州の民で曹操についているものは、曹操の軍隊の力にせまられているだけであって、心から服しているものではありません。いま将軍はよく猛将に命令し、兵数万を統率して、予州とはかりごとをともにし、力を同じくするなら、曹操の軍を打ち破ることができるのは必定です。曹操の軍は敗北したならば、きっと北にかえっていくでしょう。そうなれば荊州と呉の勢いが強くなり、三分の形勢が成立しましょう。成功するか失敗するかの分かれ目は今日にあります。」

孔明は孫権・劉備・曹操の現在おかれている立場を分析し、戦後の三分の形勢にまで説き及んで、孫権の決断をうながした。

❖劉備と孫権の同盟

孫権はかねてより魯粛の説を重視していた。いままた孔明が、劉備との同盟を勧め、魯粛と同じような意見を説くのを聞き、自分の進む方向は、劉備とともに曹操を荊州から北に追い返すことにあると決意した。決意はしたものの、呉の国内には、曹操に降伏してもよいではないかとするものがおおい。とくに曹操からこのような、強圧的な挑戦状が届いたとなれば、降伏に傾くものが、いよいよおおくなることが予想される。孫策時代からの重臣張昭の意見はその代表と考えてみてよかろう。

「曹公は豺虎《さいこ》（山犬や虎）です。しかも漢室の丞相という名にかこつけて、天子を挾《さしはさ》んで四方を征し、かれが動くときにはいつも朝廷のためということを口実にしております。いま曹操をこばむとすれば、事態は名分にそむくということになりましょう。そのうえ将軍の勢として、曹操を防ぐのは長江です。いま曹操は荊州を手に入れて、その地をすっかり占領しています。劉表の水軍を手におさめ、軍艦は数千艘《そう》を数えます。曹操はその軍艦を揚子江沿いに浮かべ、そのうえ歩兵もおりますから、水陸両路から下ってきます。これ長江の険がすでに役立たないことを意味します。そして勢力の衆寡については、また議論すべき余地はありません。私の思いますに、大計は曹操を迎えてこれに降伏するにこしたことはありません。」

魯粛はずっと沈黙を守り、一言も発しようとしない。会議の途中で、孫権は着替えのため席を立った。後を追った魯粛が孫権に説いた。

「さきほどからの人々の議論をきいておりますと、将軍の前途を誤ろうとしているとしか思えません。あの人たちとはいっしょに大事をはかるには足りません。いま私は曹操を迎えてよいのです。将軍のごときはそれはいけません。なぜこういうかと申しますと、いま私が曹操を迎えて降服しますと、曹操は当然私を郷里におくりかえし、私の郷里における名声によって格づけをいたします。そうすればなお下曹《かそう》従事の位置を失うことはありません。牛車に乗り、部下を従え、士人たちとの社交界にもはいってゆけます。こうして官を昇進してゆくことができますから、州郡での地位を失うことはないのです。私だけではありませんん。降伏論をとなえる人たちはみな同じことなのです。だが将軍が曹操を迎えたならば、どこにお帰りになろうとするのですか。早く大計をおきめなさい。衆人の議論をお用いになってはいけません。」

孫権は嘆息して言った。

「人々の議論を聞いていると、たいへん余を失望させるものばかりであった。いまおまえは大計を開陳したが、ちょうど余の考えとぴったりだ。これこそ天が、おまえを余にくださったというものだ。」

こうしているうちに、周瑜が権の命を受けて赴いていた鄱陽《はよう》から急ぎ帰って来た。周瑜は孫策と同年で、妻どうしが姉妹でもあった。このようなことから、周郎といって、呉の人々に重くみられていたのである。かれの意見は降伏論者に対し、

「不然（そうではない）。」

の二語で始まる。

「曹操は名目は漢の丞相にかこつけておりますけれども、その実際は漢の賊であります。将軍は生まれついてのすぐれた才能と雄々しき武力をもち、また父君（孫堅）兄君（孫策）の烈しさによって江東の地方数千里に割拠しておられます。その精鋭な軍隊は用うるにた

り、英雄たちも将軍にそむこうという気持ちをもっていません。天下に濶歩《かっぽ》して、漢の皇室のために悪者を除くことにつとめるべきです。まして曹操は自ら死地にはいってきたもの、どうしてこれを迎えるようなことをしてよいということがありましょうか。将軍あなたのためにはかりごとを申しましょう。いまもし北方が安泰であり、操のほうに内憂がないとしても、北土を出発してずいぶんと日がたち、遠くこの地に来て領土を争おうとすればまたどうしてわれらと船戦で勝負を決することが可能でありましょうか。いま北土はまだ平安無事ではありません。馬超《ばちょう》・韓遂《かんすい》がなお関西の地におり、曹操にとって後方の心配事になっております。そのうえ陸戦を捨てて、水戦によって、呉越と勝負を争おうとするのは、もともと北土の人の長所ではありません。またいまは寒いときで馬にやる草もありません。中原の人々をかり立てて、揚子江の地方にやって来たので、気候や風土になれていません。きっと疾病が生じます。この四つのことは、兵を用いるさいの欠点です。しかも曹操はこれらのあやまりを冒しています。将軍が操を禽《とりこ》にされるのは今日にこそあります。お願いします。どうか私に精兵三万人をおあずけくだされば、進んで夏口にいたり、曹操を打ちやぶることを保証いたします。」

孫権は言った。

「あのおいぼれが漢朝を廃して自立しようと思っているのは久しいことである。ただ袁紹・袁術・呂布《りょふ》・劉表と私とを忌《い》んでおっただけじゃ。いま数々の英雄たちは死んでしまい、ただこのわしだけがなお生きている。わしとおいぼれとは両立はできない。あなたは当然曹操をうつべきだとおっしゃった。私の意見と非常によく合っている。これは天があなたを私に授けたのである。」

こうして孫権の態度はきまった。かれは刀を抜いて、前におかれていた机をたたき切り、

「将軍たち、あえてまた曹操を迎えるべきだというものがあれば、この机と同じようにしてしまうぞ。」

❖周瑜の出陣

周瑜は三万の兵を率いて揚子江をさかのぼった。魯粛と周瑜は呉の国論を降伏論から積極論に転回させるとともに、劉備との関係においても、呉にイニシアチブをにぎらせたのである。曹操と劉備・孫権の連合軍の戦いが、有名な赤壁《せきへき》の戦いであるが、この戦いの主力は呉の軍隊である。数のうえからだけでこういうのではない。魯粛と周瑜の二人は劉備らに作戦についてもほとんどふれさせていないようである。

劉備は樊口《はんこう》で呉に使いした孔明の帰りを待っていた。孔明が帰ってこないうちに、曹操が軍を動かしたとの報知《しらせ》が聞こえてきた。そこで毎日毎日もの見をやって、孫権の軍がくるかどう

周瑜字公瑾

かを見にいかせた。もの見の者がある日はしりかえって劉備につげた。

「周瑜の船が見えました。」

「なぜそれがわかる。曹操の水軍ではないのか。」

「船の型でわかります。」

劉備は人をやって周瑜を慰労させた。

周瑜は言った。

「軍任があります。これは他人にまかすことはできません。もしまげておいでになるなら、お望みにそえましょう。」

劉備は関羽・張飛に向かって言った。

「周瑜が私をこさせようとしている。われわれはいま自分のほうから呉に結ぶことを望んだのである。往《い》かなければ同盟の意にそむくことになろう。」

そこで単舸に乗って周瑜の陣におもむいた。

「いま曹公を拒《ふせ》ごうとされる。きっとよい計画をおもちのことと思う。兵隊は何人ぐらいあるか。」

「三万人。」

「残念ながらすくないのではないか。」

「これだけあれば十分です。予州よ、ただ私が敵を打ち破るのを見ていてください。」

劉備は魯粛たちを呼んで、いっしょに会って話したいと言った。それに対して周瑜はつぎのように答えた。

「命令を受けております。かってに他人にまかすことはできません。もし魯粛に会いたいと思われるなら、別にかれの駐屯しているところにおいきになればよろしい。また孔明はいっしょに来ております。二、三日のうちに到着するでしょう。」

❖曹操の敗北

曹操の八〇万と称する軍は揚子江を圧せんばかりに下ってきた。しかしその軍中には、周瑜が指摘したとおり、かなり病人が出ていた。

そして誰の目にもあきらかなように、華北の人々は水の上での戦いは不得手であった。ただ数だけは、孫権・劉備の連合軍をうわまわっている。

かくて両軍は揚子江の中流、赤壁で相対した。揚子江の沿岸には赤壁と呼ばれる地名がおお

赤壁（周瑜の陣側から曹操が軍船を留めた烏林の方をのぞむ）

い。両軍が戦ったのはいまの湖北省嘉魚《かぎょ》県の東北にあたっている。なおついでにつけ加えると、蘇東坡《そとうば》の『赤壁賦』は同じく湖北省の黄岡《こうこう》にあたる。

さて戦いはまず連合軍の優勢にはじまった。夜になり両軍は退いた。揚子江の北岸烏林《うりん》に陣した曹操の軍を見て、周瑜の部下黄蓋《こうがい》がつぎのような意見をのべた。

「いま敵軍の数はおおく、わがほうはすくない。持久戦に持ちこんではいけません。しかし曹操の軍をみますと、船と船をつらねあわせ、舳先《へさき》と艫《とも》とが接しあっております。火をかけて焼き討ちにすることができます。」

黄蓋のこの策が採用された。かれはまず曹操に降伏の手紙を書き送った。そしていっぽうでは蒙幢《もうどう》（強靱《きょうじん》な生牛皮で外装した快速の小船）および闘艦（船上に桓や棚を高くもうけた軍艦）一〇艘を選び出し、それに枯れて乾燥しきった蘆荻《ろてき》（あしとおぎ）をいっぱいに積みこみ、上から魚油をかけておいた。そして敵にみぬかれないよう赤い幔幕《まんまく》でおおいをして、さらに旗を立てた。これで準備は整った。

曹操のほうでは黄蓋の降書を読んで喜んでいた。いつ黄蓋が降るかと待つうちに、蒙幢闘艦があらわれてきた。しかもおりから東南の風が強く吹いた。この風にのって船はみるみる近づいてくる。曹操の軍中では人々が、

「黄蓋の船が降るぞ。」

と叫び合っていると、にわかに船の間から火がおこった。火は風にあおられて広がるばかり、そこにどこから現われたか走舸《そうか》（快速船）がまるでかもめのように水上を走りまわって、味方の軍につきこんでくる。みるみるうちに、曹操の水軍は全焼し、火は陸にまで燃えうつった。こうして大混乱におちた曹操は北に逃げ帰った。孔明がこのとき七星壇をつくって、天を祭り、風をおこしたというのは、あとから作られた物語である。

赤壁の戦いで敗れた曹操は、その後二度と南下してこなかった。この戦争によって、三国分立の形勢がほぼできあがった。

❖戦後の荊州

赤壁の戦いが終わると周瑜はただちに江陵を占領した。じつは劉備もこの江陵に根拠地を定めようとしたのだが、周瑜に先手をとられたので、対岸の油口に陣を設け、公安と名づけた。ここに共通の敵曹操を退けた両者が、荊州をいかにして自分のものにするかということをめぐっての争いが始まる。

孔明は軍師中郎将に任じられ、同時に現在の湖南省にあった零陵・桂陽・長沙の三郡を監督することになった。この地方は山越などの住地にも近く、治めにくいところであったが、臨蒸（湖南省衡陽）に駐屯して、三郡の賦税を徴収し、軍費の充実をはかると同時に、約四〇〇キ口はなれた公安にもたえず注意をはらっていた。

劉備は荊州全域の支配権を確保しようと、孫権のいる京口（江蘇省鎮江）に出向いたことがある。劉備の動きはすでに江陵にいる周瑜からは見通しである。瑜はさっそく孫権に手紙をおくり、

「劉備は梟雄であり、関羽・張飛など熊や虎のような部下を持っています。かれはきっと長く人の下におって働く人間ではありません。私が思いますに、いちばんよい計略は劉備を呉に徙《うつ》して、かれのために宮室をきずき、美女を侍《はべ》らせ、めずらしいものを置き、その耳や目を楽しませてやるのです。そして関羽・張飛を分けて別々のところにおきます。こうすれば私のようなものでも、これと戦うことができます。こうなれば大事は成就することができます。いまわけもなしに土地をさいてこれにたすけあたえ、劉備ら三人を集めて国境におらせますと、おそらく蛟竜《こうりゅう》はいったん雲を得たならば、ついに池の中のものではなくなるでありましょう。」

と、劉備をこのさい京口にとどめておくことをすすめた。おりから呂範もそのことを孫権に説いたので、権も心を動かされたが、魯粛《ろしゅく》が反対して、

「将軍はすぐれた武力と天下になりひびく才能を持っておられますが、いっぽう曹操の威力もじつに重いものがあります。将軍は荊州に君臨したばかりのところで、恩信はまだ十

分にゆきわたっていません。劉備にこの地を貸しゆだねて、鎮撫させ、曹操の敵を一人でも多くし、自分たちの味方をふやすのが上計でございます。」

魯粛の意見が通った。孔明は劉備が京口に出かけるのは危険であると注意したが、それはうけ入れられなかった。劉備は京口に行き、やがて無事公安にもどったが、荊州一円の支配は認められなかった。なお一言いいそえておくと、赤壁の戦後、孫権は妹を劉備の夫人として嫁がせ、二人は姻戚の関係にあった。

❖周瑜死す

周瑜は自分の建策した劉備抑留政策が受け入れられなかったことを知ると、こんどはいっきょに益州に攻め込むことを提案した。

いま曹操は戦争に敗けたばかりで、心配は国内にあります。まだ将軍と事をかまえることはできません。どうか奮威将軍の孫瑜さまと（孫瑜は孫権のいとこ）私とで進んで蜀をとりましょう。蜀を得て張魯《ちょうろ》の地をあわせ、よりて奮威将軍をとどめてその地を守らせ、関中にいる馬超《ばちょう》と同盟します。そうしておいて私はいったん帰り、将軍、あなたと襄陽《じょうよう》から進んで曹を倒せば、北方を図ることができます。

孫権はこの計画の実行を許した。そこで周瑜は蜀を攻めるべく準備中、病に倒れた。かれは自己の命の長くないことを知って、このようにつぎつぎと積極策を打ち出したのであろうか。孫権にあてて周瑜が書いた私信、それは瑜が死の床にあって記したものだが、そこには、かれが孫策と知り合ったことから書きはじめ、つぎのようにのべている。

「巴蜀を定め、襄陽を取るつもりでありましたが、病いに倒れてしまいました。人は生まれたからには死ぬのがあたりまえで、短命であっても惜しいとは思いませんが、志を十分にくりひろげることができなかったことが恨めしゅうございます。曹操は北にあり、劉備は内（荊州をさす）に寄寓しておりますが、これはちょうど虎を飼っているようなもの。天下がどのようにして治まっていくかわかりません。魯粛は忠烈な人物で、事を処理するにもいいかげんにはしません。これは私に代わってやっていける人物です。『人のまさに死なんとするや、その言や善し』という諺《ことわざ》がございます（『論語』泰伯篇に見える）。もし私の意見を採用してくだされるならば、死すとも私の名は朽ちることがございません。」

周瑜は必ずしも自分と意見は一致しないが、呉を思う心においては、自分にまさるとも劣らぬ魯粛を後任に推薦した。魯粛の江陵駐留は、この時点においては劉備がわに有利にはたらいた。魯粛はかねてからの考えに従って、荊州を劉備にゆだねて、その地の安定をはからせたのである。そして粛自身は江陵から陸口（湖北省嘉魚県）へと、駐留の地を揚子江の下流にうつした。

劉備の益州占領

❖益州への野望

益州は二世紀の末、劉焉が州牧に就任してからは、半独立の状態をつづけていた。しかし劉焉が死に子の劉璋があとをつぐと、かれは平凡な人間であったので、州内はしだいに安定を欠くようになった。すなわち、北の曹操と結んで、その力を背景に州内に指導力をふるおうとするものが出てきたのである。それは赤壁の戦いが行なわれようとするころであって、曹操も益州については十分な注意をはらういとまがなかった。しぜん益州において曹操と結ぼうとする人たちも、曹操からおもく扱われなかった。そのうちにこんどは、劉備の力を借りようというものがあらわれてきた。劉璋と劉備、おなじように劉姓を名のり、前漢景帝の子孫と称している。それが劉備に頼ろうとする一派のよりどころでもあった。法正《ほうせい》がその代表である。かれはしばしば劉備を訪れて益州にはいることをすすめた。このような外交問題に対しては、おそらく孔明などがその折衝にあたったのであろう。

益州にはまた北の方関中との境に近く、五斗米道の張魯が、小独立国を保っていた。呉でも周瑜は死んだが、益州進出の計画をまったくすてでてしまったわけではない。呉にとっては劉備が荊州にいる以上これをとびこえて、単独で益州にはいることはむずかしい。しばしば劉備に向かって、同盟して益州にはいることを申し入れて来た。劉備や孔明は呉のすすめをしりぞけつづけた。

❖龐統

二一一年（建安一六）益州をめぐる情勢に変化が生じた。

この年の三月、曹操は陝西地方にあって、かれの威に服しない小軍閥を討つべく、鍾繇《しょうよう》・夏《か》侯淵《こうえん》らに出撃を命じた。ついで七月には、曹操自らも出陣した。劉璋はこの一連の動きに脅威を感じたにちがいない。劉璋の動揺を見て、法正らはさかんに劉備に頼ることをすすめた。同時に益州からの使者が荊州の劉備のもとにつかわされた。孔明の友人で、同じく劉備に仕えていた鳳雛《ほうすう》龐統《ほうとう》も、益州にはいることを勧めている。

「荊州は荒れはて、人物はつきてしまいました。東には呉の孫氏があり、北には曹氏がありります。天下を三分しようとしてもむずかしうございます。いま益州は国は富み兵は強く、戸口一〇〇万といわれております。兵馬を出そうと思えば十分のそなえがあります。宝貨もよその地方に求めることはありません。いまこそこの地を借りて大事をなすべきです。」

劉備は益州を取ることの重要性はわかるが、信義の点において欠けるのではないかと恐れる。

「いま余と水火の関係にあるのは曹操である。操のやりかたは急であり、余のやりかたは寛である、操は暴をもってし、余は仁をもってする。操はいつわりをもちい、余は忠《まごころ》をもちいる。曹操と反対のやりかたをしていれば、事は成功するのだ。いまささいな理由で、信義を天下に失うことは、自分は取らない。」

統はそれに答えて、

「戦乱の時には一つのやりかたですべてを定められるものではありません。『弱いものを併《あわ》せ、おろかなものを攻める』と尚書にも見えています。五覇の事は道に逆らって取り、道に順《したが》って守り、これに報ゆるに義をもってするのです。天下が定まったのち、これを大国に封じてやればよいので、どうして信にそむくことになりましょうか。今日われわれが取らなければ、ついに他人の利益になってしまうだけであります。」

劉備は益州にはいることを決意した。法正に益州の地図をえがかせ、土地の様子、兵器の数、要害の場所や距離、人馬の多寡などをくわしく聞きだした。そして龐統一人をつれて進発した。益州は手に入れねばならぬが、しかし孫権との関係からいって、荊州を手薄にしておくこともできない。

はたして孫権は劉備が益州に向けて出発したと聞くや、はなはだいかり、劉備のもとに嫁がせていた妹に帰国を命じた。この婦人は平素から気の強い人で、劉備もおそるおそるかの女に接していたというが、帰国土産《みやげ》に皇太子の阿斗を人質として連れ去ろうとして、趙雲があわてこれをとりもどす一幕もあったという。

❖劉備益州にはいる

益州にはいった劉備は、現在の漢中の地方、それは益州と関中の境であるが、葭萌《かほう》というところにまず軍を進め、人心をおさめつつ益州全域を手にする機会をうかがっていた。

龐統はこのとき、間道ぞいに成都を直接撃《う》つのが上計、荊州に帰るふりをして、劉璋の武将たちを安心させておいて、成都に向かうのが中計、下計は荊州と益州との境、白帝（四川省奉節）までいったん退き、荊州の軍と合同してから、成都に進撃すること。いずれにせよぐずぐずと日を送るのがいちばんよくないことを劉備に進言し、劉備はその中計をよしとした。こうして翌二一二年（建安一七）を迎えた。曹操は陝西の馬超《ばちょう》征伐を終わり、鄴《ぎょう》に凱旋してきた。そして漢の朝廷から、賛拝不名《さんぱいふめい》（天子にお目どおりするとき、そばにいて号令をかける官吏から、名をよびつけにされない）、入朝不趨《にゅうちょうふすう》（朝廷にはいるとき、小走りに歩かなくてもよい。ふつうは恐縮の意を示すために、臣下は小走りに歩く）、剣履上殿《けんりじょうでん》（剣を帯び、はきものをはいたままで殿上にのぼる）の特権を与えられた。そして翌二一三年には爵を公爵に進められ、曹操の地位はゆるぎないものにとなっていった。

いっぽう孫権もこの年（建安一八）に秣陵《まつりょう》に城をきずいて、名を建業と改めた。いまの南京である。やがてここは六朝の諸王朝（呉・東晋・宋・斉・梁・陳）の首都になる。一〇月になって曹操は南下して呉を攻撃した。孫権は救いを劉備に求め、機は動いた。備は龐統のいわゆる中計を実行にうつす機会を得たのである。

劉備からの使者は、成都の劉璋に、孫氏を救うために、劉備が兵を動かすことを告げた。劉備の軍は荊州に向かうと見せて、突如方向を転じ成都にと進撃した。これに応じて荊州からも、諸葛孔明・張飛・趙雲などが軍をひきつれて、益州との境を打ち破り、成都へと向かった。関羽だけが荊州を守るため、あとに残った。

二一四年（建安一九）五月、劉璋は降服し、劉備らは成都に入城した。だがこの戦いで、鳳《ほう》雛龐統《すうほうとう》は戦死した。

❖益州平定

劉備は益州の牧となり、諸葛孔明は軍師《ぐんし》将軍署《しょ》左将軍府事、法正は揚武将軍蜀郡太守、張飛

劉備、蜀を平定し、諸将の名爵を定める

は巴西太守、趙雲は翊《よく》軍将軍に、それぞれ任ぜられた。荊州にとどまった関羽は、督《とく》荊州事の官名をあたえられた。また、成都攻撃中に劉備の軍に新たに加わった馬超も平西将軍に用いられている。いまあげた人たちのなかで、成都を含んだ行政区画蜀郡の太守になった法正が、いちばん抜擢されたといえよう。劉璋の下にあって、劉備との連絡役となり、劉備を迎え入れた功績が賞されたのであろう。

この法正という人物は陝西に本籍があり、もともとからの劉璋の部下たちと仲が悪く冷遇されていた。それで蜀郡太守に任ぜられると、むかしの怨みをはらそうとし、数人のものを殺してしまった。すると法正に対して、はなはだわがままなふるまいがある、そうした横暴はおさえねばならぬというような不満がたかまってきた。このとき孔明は、

「主君が公安におられたころ、北の曹公の強さを畏《おそ》れ、東の孫権の圧迫を恐れていられた。そのうえ孫夫人がいつなんどき、内部において変事を犯すかもしれぬあ

りさまであった。だから主君もどのように対処すべきかを迷っておられた。このとき法孝直（法正）がこれを輔翼してくれたので、いまにいたったのだ。その功績を思うと、どうしてかれの行為を禁じて、その意を遂《と》げることを妨げられようか。」

と答えた。孔明は劉備がようやく獲得したこの益州の地を治めるためには、適材適所に人材を配置し、またそれら人材は広く求められねばならないと考えていた。それであるから、劉璋と姻戚関係にはいっていたもの、さらには劉璋の部下であったものも、つぎつぎに登用した。しかし許靖《きょせい》は任用されなかった。かれはすでにかなりの老齢に達していた。まだ劉備が成都を包囲中、その囲みを解いて脱出しようとして失敗した。こういうことがあって、許靖は任用されなかった。最後まで城中にあって戦ったのならそれは許される。「人おのおのその主のためにす」で、むしろ高く評価されもしよう。しかし、途中で主を捨てて逃げ出すのは許されないとされたのである。だが許靖は汝南（河南省）の人で、従弟《いとこ》の許劭《きょしょう》とともに、人物評論の大家として、評判の高い人物でもあった。いわゆる名士であって、かれの行動はともかく、世間一般にひろがっている名声は無視できない。法正が、

「天下には虚《むな》しき誉《ほまれ》があって、その実のない人があるものです。許靖こそはそうした人物であります。しかしいま主君ははじめて大業をおこされたのであります。天下の人に一戸一戸許靖は虚名が世間にひろがっているだけだと説いてまわることはできません。もしか

れを礼遇しないなら、天下の人はこのことをもって、主公は賢人を賤しむと思うでしょう。どうかこれを敬重して、遠近のものを眩惑なさるがよろしい。むかし燕主が郭隗《かくかい》（郭隗の話は『史記』や『戦国策』に見える。燕の昭王が人材を集めようとした時、隗は「先ず隗より始めよ。まして隗より賢なる者千里を遠しとしましょうか」と言った。）を任用したことをまねなされよ。」

と勧めたので、これを左将軍長史として、孔明のところに配属した。

❖馬超

馬超《ばちょう》が平西将軍に任じられたことは、まえにのべたが、これをきいて荊州の関羽はさっそく孔明に手紙を出してきた。

「ちかごろ馬超が投降してきたということだが、私はその人物についてまったくわからない。その人柄や才能はいったいだれと肩をならべることができるのか。」

孔明はひとりだけ荊州にとどめられている関羽の心情をおしはかりつつ、つぎのような返書をしたためた。

「孟起《もうき》（馬超）は文武を兼ねそなえて、雄烈なことは人にすぎたものがある。まことに一世の人傑である。それはあの漢の高祖の家来、黥布《げいふ》・彭越《ほうえつ》の類であり、益徳《えきとく》（張飛）と並んで先を争うものである。しかしまだ髯の群を越えた絶倫さにはおよばないよ。」

劉備にまた一人の強力な武将が加わったことを喜びをもって報告するとともに、しかし関羽、きみほどのものは、天下広しといえどもいないのだよと、友情あふれた手紙である。関羽は有名な美髯《びぜん》の持ち主であって、孔明もふだんは、髯、髯、と呼んでいたのであろう。雲長（関羽の字《あざな》）といわないで、髯といったところに、かえってこまやかな愛情が見られる。関羽はこの返書を見て、無邪気に喜び、周囲のものに見せてまわったという。

孔明は劉備を輔佐して、国家を治める立場に立ち、厳格な法律の制定も、その手段として必要であると考えた。この点は曹操と共通した面をもつのであるが、法正・李厳《りげん》らと『蜀科』の編纂にあたった。また法正が漢の高祖の法三章の故事を引いて、

「いま、外からこの蜀にはいってきて国を治めるにあたり、少し刑を緩くし禁をゆるめ、人望に従われたらどうですか。」

と勧めたとき、

「あなたは一を知って二を知らぬ。秦は道にはずれた行ないをして、民の怨を買い、国を失ったから、高祖は寛大な政を行なって民を救ったのである。ところが劉璋は闇弱で、父劉焉以来の名望がありながら、緩い態度で政治に臨んだから、威刑がただされず、家来がわがままになって増長し、君臣の道が立たなくなったのだ。これは秦が国を失った原因と

まったく相反する。自分は法令をきびしくし、功あるものには官爵を与えて、君の恩をしらしめようと思う。官爵が加われば名誉であることを知るようになり、上下の節も立つ。

これが政治の要である。」

と答えているのである。

❖荊州返還の要求と呂蒙

劉備の益州占領は、孫権に大きな衝撃を与えることになった。これまで、益州を取るときには共同してあたろうなどといっておきながら、一人かってに益州にはいってしまったことをたいへん怒った。しかしいくらじだんだをふんでも、劉備が荊州から益州にかけての地を占領していることは、厳然たる事実である。そこで孫権は劉備に対して、荊州の長沙・零陵・桂陽の三郡の返還を求めた。さきには劉備が尺寸の土地も持っていなかったし、同盟を結んで曹操を倒した功績もあったから、荊州を貸してやったのだ。益州を占領した現在、根拠地もできたことだから、もうよいだろう。荊州を返せというのである。だが劉備に言わせれば、荊州はもともと劉表の土地であって、孫権の土地ではない。だからこれを返せなどというのはおかしいというのである。双方とも荊州の領有権を主張して譲ろうとしない、
諸葛瑾が使者として劉備のもとにおもむいたが、劉備の答えは、

「自分はいま涼州《りょう》を取ろうと計画中である。涼州が平定できれば、そのときに荊州の地をことごとく与えてもよい。」

ということだった。孫権はこの返答を得て、ますます怒った。劉備の態度は、いたずらにでまかせを言って、時間をかせごうとするものだと考えた。こうなれば実力行使あるのみ。孫権はついに呂蒙《りょもう》に兵二万をひきいて、荊州の例の三郡を占領することを命じた。

この呂蒙という人は、一七八年の生まれだから、孔明・孫権・司馬懿らとほぼ同年である。もと汝南（河南省）の人であったが、姉婿《むこ》で孫策の部将であった鄭当《ていとう》を頼って呉に移ってきた。呂蒙がまだ一五・六歳のころ、鄭当は山越討伐に出征した。蒙はそのあとをついていった。気がついた鄭当がびっくりして叱りつけたが帰ろうとしなかった。しかたなく戦争に連れていって、帰国後呂蒙の母に事の次第をこまごまと語った。すると母が怒って蒙を罰しようとした。すると蒙の言うに、

「貧賤な状態にはおりたくないものです。もしもけがの功名で手柄を立てたら、富貴になれるでしょう。むかしから『虎穴を探《さぐ》らなければ、どうして虎児を得られようか』というではありませんか。」

母はその心情をあわれに思ってすきなようにさせておいた。しかし、なにぶん年が若いのに、一人前の口をきくので、鄭当の家来からは、

「こんな子どもになにができる。虎穴にはいり虎児をうるなんて、腹のへっている虎に食われてしまうぞ。」

とからかわれ、さげすまれていた。こんなことが重なったので、蒙はこの男を殺して逃げてしまった。その後自首して出たが、孫策はかれの人物を見て、かわったやつじゃと、そばにおいた。だから鄭当が死ぬと、当の軍隊をそのまま引きつぐことになった。このように大将が死ぬと、その血縁者がその軍隊を引きつぐところに、呉の軍隊組織の特徴がある。孫策が死に孫権に代わると、権は軍隊のなかで、人数のすくないもの、いままであまり手柄を立てなかったものを整理統合しようとした。呂蒙はひそかに赤い服とぬかばきを作らせ、閲兵式の日にそれを着せた。赤い服がおりからの太陽に照り輝き、いかにも強そうに見えた。孫権は喜んで呂蒙の軍隊を増してやった。その後も山越討伐や赤壁の戦いなどに参加して功をあげた。しかし呂蒙は強いことは強いが学問がないというのが評判であった。孫権はそんなうわさを聞いて憂えた。ある日権は呂蒙と蔣欽《しょうきん》の二人に向かって言った。

「おんみらはいま国家の要路にある。学問をして、自分の知見をひろげたがよい。」

蒙が答えて言う。

「軍中におって、いつも仕事がおおいことに苦しんでいます。たぶんこのうえ本を読む時間を入れることができません。」

孫権は言った。

「自分はおんみに経書を治めて、博士になってもらおうというのではないのだ。ただいろいろなものをあさって、過ぎ去ったことを見ておかせようとするだけだ。おまえは仕事がおおいというが、私とくらべてどうかな。私は若いときから、詩経・書経・礼記《らいき》・左伝と国語をつぎつぎと読んだ。ただ易経だけは読んでいない。兄のあとをついで統事になってからは、三史（現在は『史記』・『漢書』・『後漢書』を言うが、この時は『史記』・『漢書』・『東漢観記』を指している。）や諸家の兵書を見た。自分ではおおいに益するところがあったと思っている。おまえたち二人のように心ばえがすぐれているものは、学問すればきっとものにできる。どうしてしないでおられようか。さしあたり孫子・六韜《りくとう》といった兵書、左伝・国語および三史といった歴史に関係する書を読め。孔子は言っている。『ひねもす食事もせず、夜もすがらねもやらず考えたが益はなかった。本を読んで学問するにこしたことはないと』〔論語衛霊公〕むかしの人でいうなら、光武帝は戦争をしている間にも、本をおくことがなかったという。いまの人でいうなら、曹孟徳もまた年をとって学問を好むようになったと、自分で言っている。おまえたちだけ、どうしてこれにつとめようとしないのだ。」

これは後漢時代の、教育を見るためにも一つの材料を提供してくれる。さて呂蒙は孫権の言うことをきいて、学問に励むようになり、その読んだ書物は、専門の学者も及ばぬ量になった。

❖魯粛と呂蒙

周瑜が死んで、魯粛が代わって江陵に赴任するとき、途中で呂蒙のところに立ち寄った。魯粛は蒙を以前のように武力一辺倒のものと思って、ひそかに軽く見ていた。ある人が魯粛に説いていうには、

「呂将軍は功名が日に顕われています。むかしのつもりであしらってはいけません。あなたから呂将軍をお訪ねなさるのがよろしいでしょう。」

そこで魯粛は蒙を訪問した。酒宴のさいちゅうに、呂蒙が問いかけた。

「あなたは重い任務をうけて、関羽と隣り合わせの地を守る軍の将軍となられた。どんな計略で、不意の出来事に備えようとなさるおつもりか。」

魯粛はとっさにこう答えてしまった。

「その時になって、よいようにいたします。」

呂蒙

呂蒙は言った。

「いま東の劉備と西のわが孫権とは一家のように仲よくしているけれども、関羽はじつに熊や虎のような人物。計りごとは、まえもってちゃんときめておかなくてよいものでありましょうか。」

魯粛は呂蒙の言がもっともなので、負けそうになった。魯粛は呂蒙の背中をたたいて言った。

「私はあなたが、ただ武略あるだけの人と思っていたが、いまになってみれば、学問にもとくにすぐれておられる。呉の片田舎《いなか》のもとの蒙ちゃん（呉下の旧阿蒙）ではないなあ。」

呂蒙は言った。

「立派な男というものは、別れて三日もすれば、目をこすって相手を見なおさねばならぬといいます。あなたのいまのお言葉は、なんと、戦国時代にあの范雎《はんしょ》の一言で失脚した秦の穰侯《じょうこう》にぴったりですよ。あなたは周公瑾《こうきん》（瑜）の代わりになられた。あの人のあとをつぐというのは、それだけでもむずかしいのです。そのうえ、関羽と隣り合わせになるのです。この関羽というのは、年を取ってから学を好み、左伝を読んで、おおかた全部暗誦できるほどです。気骨あり、賢くて、雄々しい気を持っていますが、生まれつき自負する心が強く、ややもすれば人をあなどります。いまこの人と対抗するとなれば、いろんな手だてで対応せねばなりますまい。」

こうして呂蒙はかねてより関羽に対応するため考えていた五つの策を魯粛に伝授した。魯粛と呂蒙はここにおいて兄弟の契《ちぎり》を結ぶことになった。

❖荊州の分割

魯粛は陸口《りくこう》に駐屯し、公安にいる関羽としばしば話し合いの機会をつくり、国境での小ぜりあいの解決を図った。しかし劉備の益州占領、荊州返還交渉の失敗と事態はおおきく変化した。呂蒙が三万の兵をひきいて出陣してくるときくや、ついに劉備も自ら成都より公安にと引き返し、これに対応することになった。呂蒙は劉備側が任命していた、長沙等三郡の太守を呉のほうに降服させた。こうして一触即発の危機を迎えながら、両軍の間に本格的な戦争が始まらないのは、魏の動きを恐れたからであり、また両者の間にはなお外交交渉によって、この危機を乗り切ろうとする努力がなされていたからである。

曹操は漢中の五斗米道張魯を征伐するために、この年全軍をあげて出撃して来た。劉備にとっては、北辺に圧迫をうけることになる。かねてより張飛がこれに対応するため派遣されている。魏はまた湖北・安徽《あんき》の方面で従来より、呉と小さな衝突をくりかえしている。呉もその方面に注意を払わないわけにはいかない。

成都では諸葛氏の兄弟が、連日会談を行なっていた。そのくわしい内容は、いまは伝わっていないが、二人は公私の別をわきまえ、公の会議の席上でおたがいに顔を合わすだけで、私的な交わりはいっさいせず、すこしの疑点も残さなかったという。

かたや荊州においては、魯粛が関羽に会談を申し込もうとしている。呉の軍中では、これまでとだいぶ事情が違ってきたから、なにか変事がありはしないかと恐れ、行ってはならないととめたものもあったが、魯粛はその意見をおさえて、会談を行なった。二人は一〇〇歩の距離をおいて相対したという。魯粛は言った。

「わが呉が区々たる小国であるにもかかわらず、土地を劉備に貸し与えたのは、備が戦いに敗けて遠く逃げてきて、頼りにするものがなにもなくなったからだ。すでに劉備は巴蜀の地を獲得したのに、荊州を返そうともしない。それもこんどは荊州全土というのでなく、ただ三郡を求めただけなのだ。それなのに命に従おうとしないではないか。」

この語が終わらぬうちに、座にあった関羽の部下の一人が、

「いったい土地は、ただ徳のあるものに属するのだ。」

と言った。魯粛の顔色は変わり、その男をきっと睨みすえた。関羽も刀を取ってたち上がり、

「これは国家の大事だ。どうしてこのもののあずかり知るところであろうか。」

と叱りつけて、目くばせして、その男を去らせた。

こうしていくどかの折衝の末、ひとまずは湘水を境にし、江陵・長沙・桂陽の三郡は孫権に、

南郡・零陵・武陵三郡は劉備に帰属することになり、荊州を東西に分断することで和議が講じられた。しかし劉備の荊州に対する領有は大きく後退せざるをえなかった。

劉備、荊州を失う

❖張魯の敗亡

　劉備と孫権がこのようなかたちで和を結んだのは、一つには曹操の張魯征伐によることは、まえにのべたとおりである。このいきさつにすこしふれておこう。司馬懿《しばい》（仲達）がいよいよ活躍の場をえて登場してくる。

　張魯は五斗米道教団の指導者で、後漢末には漢中の地でなかば独立の状態にあった。鎮民中郎将というのがその肩書きである。しかし曹操・劉備・孫権によって、中国三分の形勢が進んでくると、ついにその独立も風前の灯となった。二一五年（建安二〇）三月、曹操は漢中征伐にと出陣した。かれはその前年の一一月、献帝の皇后伏氏を口実をもうけて殺害し、正月には自分の二番めの女を新しく皇后に立て、天子の外戚という名目を得ていた。したがって張魯討伐は、外戚としての勢威を示す初仕事でもあった。

操は陳倉にいたり、まずチベット系の羌《きょう》族を撃って、いったんいまの甘粛省に進んだが、七月には兵をかえして陽平関《ようへいかん》に向かった。陽平関では張魯の部将たちがよく防いだが、しょせん魏の敵ではなかった。張魯は曹操の軍門に降った。このとき魯の部下たちは倉庫中にある穀物をすべて焼き払おうとすすめたが、張魯は、

「もともと漢の国家に命を帰そうと思っていたのだ。宝貨倉庫は国家のもの。」

と言い、封印して去った。張魯のいう漢の国が、現存する後漢の献帝をさすのか、それとも劉氏の後裔を名のる劉備をいうのか、これだけではよくわからない。しかし宝貨倉庫は国家のものと言いきった言葉のなかに、五斗米道の教主として、信者から集めたものは、たとえ一粒の米なりとも、自分一個の私有物でない、それはあくまで民のもの公のものであるという考えが存したのであろう。

張魯が一般の民衆に対してもっている影響力は強いものがある。劉備は張魯を自分の部下に迎えようとしたが、曹操が先手をうって、かれに爵を与えて好遇した。

❖丞相主簿司馬仲達

さてこの戦争は、司馬懿の、すくなくとも現存の史料では、最初の公的世界においての活動の場であった。丞相主簿の任をうけ曹操の幕府の一員として従軍した司馬懿は、つぎのように

献策した。

「劉備は策略をもちいて劉璋を虜《とりこ》にしたので、蜀の人はまだ劉備についていません。それなのに遠く出でて江陵を呉と争っています。この機会は失うべきでありません。いまもし威を漢中に輝かしたならば、益州は震動するでありましょう。兵を進めてこの益州に臨めば、時のいきおいとして、かならず瓦解するでしょう。このいきおいによれば功績をなしやすうございます。聖人も時に違うあたわずという言葉がございます。時機を失ってはいけません。」

曹操は答えた。

「人は足るなきに苦しむ、隴《ろう》（甘粛）を得てまた蜀（四川）を望むか（人は満足することができないのに苦しむ。隴を得たらつぎには蜀がほしくなった――光武帝の言葉）。」

と、ついにその言に従おうとしなかった。このとき劉曄《りゅうよう》も、司馬懿と同じような考えをもっていた。

「いまわが軍は漢中を征服したので、巴蜀の人たちは、そのしらせを聞いて胆をつぶし、守りを失っております。このいきおいに乗じて巴蜀に向かえば、たちどころに平定することができましょう。劉備は人傑で度量もありますが、なんといっても仕事が遅《おそ》いのです。かれが巴蜀を占領してから日も浅く、人々はまだつき従っていません。そのうえ、わが軍が漢中を征服したときいて、人々はふるえ恐れています。そのいきおいは自滅に傾いていると申せましょう。あなたの神明をもってこの勢を利用しておしつぶせば、勝てないことはありません。もしすこしでも巴蜀への圧力をゆるめますと、諸葛亮というもの、あれは政治に明らかな人物です。かれが宰相になり、関羽・張飛といった三軍に冠たる勇将が軍をひきいれば、巴蜀は安定してしまいます。そうなればかれらは自然の要害によってわが軍を防ぎ、われわれは巴蜀を犯すことはできなくなります。いますぐに取らなければ、のちのちまで心配の種を残すことになるでありましょう。」

魏のほうで諸葛孔明を評価したほぼ最初の発言でもある。

曹操は夏侯淵と張郃を残して、巴蜀の地には攻め入らず、鄴に帰った。かれには漢の朝廷から魏王に封ぜられる儀式が待ちうけていたのである。

❖魯粛の死

二一七年（建安二二）魯粛が死んだ。孫権は代わりに呂蒙を派遣して、陸口を守らせた。呂蒙には、かつて魯粛に説きかせた関羽対策を、実際にためす機会が回ってきたのである。関羽はまえにもまして手強い敵を隣人に持った。

そのころどういうわけがあってか、孫権がむすこの嫁に関羽の女をもらいたいといってよこ

曹丕

した。関羽はその使者をののしり、申し出をことわった。荊州はさきにものべたとおり劉備と孫権の二人によって二分された。といっても、それは荊州の南部のことで、北のほうは赤壁の戦い後、魏が支配下に入れている。いわば荊州は天下三分の縮刷版のようなものである。この地域における三者の争いは、じつに無気味な底流をなしていた。しかし魏が荊州問題にもう一つ積極的でないのは、漢の朝廷内での反曹操の動きや、曹操の後継争いが激しくなったという、内部的問題をかかえていたからでもある。

そのことにすこしふれておこう。

❖神童曹沖

曹操には男の子だけでも二五人の子どもがあった。そのなかで長男は曹丕《ひ》といい、つぎが曹植《しょく》。この二人がとくにすぐれていた。そのほか曹沖《ちゅう》というものがいた。ごく幼いときから利発であった。あるとき南方から象が贈られてきた。曹操が誰かこの象の重さを量ってみろと言った。象の体重が量れるようなそんな大きなはかりがあるはずがない。そのとき曹沖が進み出て「舟に象を乗せます。象の重さで舟が水中に沈みます。そのときどこまで舟が沈んだか、しるしをつけておきます。象をおろして、こんどは石を積みます。舟がどんどん沈んでいって、前にしるしをつけたところまできたら石をつむのをやめて、つぎに石の重さを一つずつ量って足し合わせると、それが象の重さです。」

不幸にしてこの子は幼いときに死んでしまった。父親は曹丕・曹植の兄弟に向かって言った。

「あの子が死んだのは、この私にとっては不幸であったが、おまえたちにとっては幸せだった。」

ライバルが一人減って喜べといわんばかりである。

❖曹丕と曹植

曹操は丕と植のどちらをあとつぎにしようか迷っていた。長子の丕に伝えるのが本すじであろうが、また植におおきく心が傾くこともあった。

二一四年（建安一九）曹操が孫権との戦いに出陣したことがある。このとき曹操は植に鄴城の留守を命じた。そしてつぎのように言った。

「おれがむかし、頓丘県の県長になったのは二三歳のときだった。あのときいろいろやっ

曹丕と曹植

たことを思いだすと、いまでも後悔はない。おまえも今年は二三歳。しっかりやれよ。」

父のこうした言葉は、曹植にもしやとの期待をいだかせたであろう。曹操も迷いに迷っていた。

さてどちらが魏の後継者になるかは、じつは本人たちだけの問題ではなかった。現在でも、自分の属する派閥の親分が、総裁になり、首相になるかどうかは、それを取り巻く人たちの関心のまとである。自分の親分が総理大臣になれば、自分にも大臣のおはちが回ってくるかもしれない。

このように曹丕・曹植のどちらが立つかは、その周辺の人たちにとっても注目のまとであった。司馬懿は陳羣《ちんぐん》・朱《しゅ》鑠《やく》・呉質らとともに、曹丕派であった。この四人を（曹丕の）四友という。またいわゆる建安七子のなかで、早く死んだ孔融と阮瑀《げんう》をのぞいた五人（徐幹《じょかん》・陳琳《ちんりん》・応瑒《おうとう》・王《おう》粲《さん》・劉楨《りゅうてい》）も曹丕に近かったのではなかろうか。曹植のほうには丁儀《ていぎ》・丁廙《ていい》・楊脩《ようしゅう》らが数えられる。

曹操は結局曹丕を後継者に定め、魏の王太子とした。なんといっても丕が嫡長子であるという意見が正当であり強力だったからであるが、また曹植が文士肌の人で、行ないに検束がなかったためともいわれる。丕が王太子となって二年たった二一九年（建安二四）楊脩が誅された。この人は才能もあり、かつ袁氏の甥《おい》であったので、将来楊脩が変をなすことを曹操が憂えてこの処置に出たといわれている。いまものべたように楊脩は曹植の側近である。かつて曹植は脩に書を与えて、「詩に『数日あわぬと、あなたを思って胸ふたがる』という句があるが、私の想いはこれに同じ。」と言ったほどで、非常にはげしくこの人を思っていた。また同じ手紙のなかで文人を評しているが、建安七子に対する評はきびしいものがある。その脩が殺されたことで、植は心のなかにいっそう不安を持った。楊脩は後漢時代四世五公を出した楊氏の出で、同じ名門の袁氏の女と結婚していたのである。

二一九年（建安二四）はまた疫病が流行し、王粲・陳琳・応瑒・劉楨らの文人が死に、司馬懿の兄の朗もまた呉との戦陣中に病没した。曹丕は友人の呉質に手紙を与え、世の無常を歎じている。

❖関羽、樊城を攻める

このころ、長安では金禕《きんい》・吉本《きっぽん》らが中心となって献帝を擁立し、曹操を倒そうとする運動をおこした。このとき武力をもたぬ金褘らは、長安に往来しやすく、かつは同じ劉氏の流れを汲む劉備の部下関羽に援助を求めた。この計画は失敗し、関羽は兵を動かすにいたらなかったが、曹操に対する敵愾《てきがい》心はかき立てられて静まらなかったのではなかろうか。

魏の内部の動揺を見て、劉備が漢中に出兵した。曹操もこれに対抗すべく漢中に自ら軍を進めた。戦いは魏側に有利に展開せず、夏侯淵は戦死し、漢中の地は劉備の有に帰した。二一九年（建安二四）孔明以下一二〇人の推戴を受け、劉備は漢中王になった。魏王曹操に名義のうえで対等の立場に立ったことになろう。しかも漢中王はかつて漢の高祖劉邦が項羽から封ぜられた由緒ある名号である。

関羽

関羽もまた行動をおこし、樊城《はんじょう》にいる曹仁を攻撃することにした。しかし背後から呂蒙に攻められるのをおそれ、江陵と公安にそれぞれ麋芳《びほう》・傅《ふ》士仁《しじん》を配置した。しかし呂蒙が言ったように関羽には自負する心が大きく、人をあなどる心がある。かねてより麋芳も傅士仁も、関羽のこうした性質をきらっていた。それでこの二人は関羽から託された食糧供給の仕事を十分に果たさない。それで関羽はそんなやつは帰還したら厳重に処分してやると怒ったので、かれらはいよいよ不安感を持った。そのようなことはあったがとにかく、八月には関羽は樊城の近くまで攻め上がった。曹操は曹仁を助けようと援軍を派遣した。そのときにつぎのような逸話が伝えられている。

曹操は曹植にこの救援軍の総大将の責任を負わせた。出発にあたって、操が植に命令を与えようとして呼び出したところ、植は酒に酔って出てこなかった。一説には曹丕がわざと酒を飲ませて、時間におくらせてしまったのだともいわれている。

それはさておき、于禁がまず樊城に派遣されたが、おりからの長雨に漢水があふれて進むことができず、禁はついに関羽に降服してしまった。これと同時に襄陽以北の諸軍もまたつぎつぎに関羽の支配下にはいっていった。関羽の勢力が成長しつつ北に進んでくるのを見て、曹操は河北に献帝を遷《うつ》すことを考えはじめた。このとき司馬仲達は蔣済らと遷都の不可を説き、孫権との同盟をすすめた。

「于禁らが関羽に降服したのは大水のためで、戦争に敗けたのではございません。国家の大計という点では、まだなんの損害もないのです。それなのに都を遷されると、敵にわがほうの弱点を示すことになりましょう。また淮水、漢水の流域の人たちに非常な不安感を与えます。いったい孫権と劉備は外面は親密ですが、じつはお互いにうとうとしいのです。

関羽が得意になるのを孫権は希望しないのです。それで孫権に江南を割《さ》いて、その王国に封じてやろうとさとして味方につけ、関羽の背後から足をひっぱれば、樊城の包囲はすぐに解けてしまいます。」

さすが大局を見ての判断というべきであろう。さっそく同盟を提案すべく、孫権のもとに使者が派遣された。また将軍徐晃《じょこう》が樊城に救援のために送られた。樊城の曹仁は洪水をおさえようと、白馬を水中に投じて天に祈るとともに、将士と必死を誓って、関羽の攻撃をもちこたえた。そこに徐晃の軍が到着し、水も引きはじめたので、関羽はついに樊城をおとしいれることができなかった。

❖陸遜

そのころ呉では呂蒙が関羽攻撃の秘策を孫権に提案した。

「関羽は樊を討っていますが、守備兵をおおく残しています。きっと私がその背後を襲うのを恐れているからです。私は病気がちです。どうか建業に帰らせてほしい。病気を治すのを名目にします。関羽は私が建業に引きあげたときくと、きっと守備に残していた兵を撤して、すべてを襄陽に投入するでしょう。呉の大軍が揚子江に浮かび、昼夜をわかずせめのぼり、空になった関羽の本陣をつけば、南郡（江陵）は降すことができますし、ゆくゆく関羽もとらえることができます。」

孫権はこの提案をうけ入れ、そのとおりに実行に移した。しかも敵方にわかるように、すべてをあけひろげに行なった。はたして関羽は、呂蒙がほんとうに病気だと信じ、じょじょに守備兵を撤して樊（襄陽）にむかわせた。

呂蒙が建業に帰ると陸遜《りくそん》というものが尋ねてきた。この人は一八三年の生まれで、孔明や仲達と同時代に属する。陸氏といえば呉郡の名門であり、そのうえ遜の妻は、孫策の娘、孫権の姪《めい》に当たっている。

「関羽が境を接しているというのに、どうして江陵を遠く離れて、下ってこられたのか。後のことは心配がないのですか。」

陸遜のこの問いに答えて、呂蒙は言う。

「まことに、おっしゃるとおりです。しかし私の病気もおもいのです。」

「関羽はその鋭い気力をほこり、人をあなどる性質がございます。関羽は北征のしょっぱなに大功があったので、かれの意はますますおごりたかぶり、志ははやりにはやっています。そして北に進むことばかりに一所懸命です。まだわれわれのことを気にかけていません。そのうえあなたの病気がおもいときけば、きっとまえにもまして無防備なのにちがいありません。その不意に出れば、自然と禽《とりこ》にすることができます。もし陛下にお会いになれば、よい計画を考えてください。」

呂蒙は陸遜ののべた言葉が、かねてより自分の考えていたこととぴったり一致することを喜んだに違いない。しかしひとまず陸遜にはつぎのように答えた。

「関羽はもとより勇猛な将軍で、敵しがたいものがあります。そのうえまえから荊州によって、恩信がおおいに行なわれています。また大功があったので、かれの勢威はいよいよ盛んであります。そうかんたんにやっつけることはできません。」

呂蒙がやがて孫権のところに行くと、権はさっそく問いかけた。

「誰がお前に代われるだろうか。」

「陸遜は思慮深く、その才能は重い任務に堪えられそうでございます。かれには大任を負わせることができましょう。しかもまだかれの名は遠くまで知られておりません。関羽の注意するところとならないでしょう。」

と陸遜を推薦した。陸遜はこうして偏《へん》将軍右部督となり、呂蒙にかわって陸口に駐屯することとなった。

❖関羽の死

陸遜は着任するや関羽に手紙を出し、于禁を破った功績をほめあげ、

「曹操は猾虜《かつりょ》だから、たとえ勝っても油断をなさるな。孫権と劉備との同盟を強固にして、王道をふるいおこさすようにしよう。私はなんといっても若輩の身、お隣りにあなたのような立派なかたがいられるのは、喜びにたえない。身をつくしてお仕えするのが楽しみである。」

と、じつに丁重な挨拶をしたので、関羽はすっかり喜んでしまった。そして安心もした。陸遜はさっそく関羽の様子を孫権に報告した。

関羽は樊城を目のまえにしながら、軍糧が不足してきたのを感じた。それは麋芳らが協力的でなかったために生じたのである。それでとうとう孫権に無断で、湘関《しょうかん》の倉米を持ち出してしまった。孫権はこれをきっかけに、関羽攻撃の軍をおこした。呂蒙が大将、孫権の従兄弟《いとこ》の孫皎《こう》が副将となり、江陵に向けて出陣した。同時に曹操に使者を送り、同盟を申し込んだ。この同盟も成立した。

呂蒙は潯陽《じんよう》にいたるとつぎのような計略をめぐらした。すなわち軍船を商船に見せかけたのである。精兵たちは船底にかくれ、商品を積み込み、商人の服装をしたものに船を漕がせた。

江陵の守備兵は、病気で帰った呂蒙がまさか攻めてくるとは思っていないし、船は商船のように見えていたので安心していたところに不意をつかれて、すべて虜《とりこ》になってしまった。油断もあったが、戦意もなかったのかもしれない。あまりにも手早く行なわれたので、関羽は江陵が占領されたことを、まったく知らなかったともいう。樊城で関羽と対陣していた曹仁は、曹操が孫権と同盟したことを矢文で知り、必死にがんばった、関羽もまたなんとしてもこの城を陥れようと戦った。ついに曹操自身摩陂《まは》（河南省郟県）に軍を布《し》き、徐晃の軍を増強した。これに力を得て、徐晃が関羽の本営に斬り込み、さしもの関羽も退却した。しかもこのときになって、江陵陥落の悲報も伝わり、関羽の部下たちの戦意は弱まり、当陽の麦城《ばくじょう》にかろうじてたてこもった。魏のほうではこのように、曹仁救援にあらゆる手だてをつくしたが、蜀のほうでは、ただ手をこまぬいて、関羽の敗戦を見ている状態であった。はじめ劉備は上庸におった孟達に命じて、漢水を下って関羽を助けるよう命令したが、孟達は言を左右にして、これに応じようとしなかったのである。

麦城にたてこもった関羽に、孫権から投降を勧める使者が送られた。関羽はこれをうけて、それでは降参すると言っておき、城上に旗指物を立て、人形を並べておいて、ひそかに麦城を脱出して南に帰ろうとした。しかし孫権が夷陵《いりょう》を占領して退路を絶っていたので、それもならず、二一九年（建安二四年）一二月、むすこの関平とともに漳郷《しょうきょう》（湖北省当陽県北）で、もと劉璋の部下で孫権に仕えていた馬忠のために捕えられた。関羽・平の親子は臨沮《りんそ》で斬られ、孫権の荊州支配は確立した。ついで翌二二〇年には孟達が魏に降った。漢中と荊州を結ぶ北方通路は魏の支配下にはいってしまった。

劉備は起兵以来の盟友関羽を失い、あまつさえ荊州を呉に取られてしまい、また北方から、荊州に出ることも不可能となった。孔明の天下三分の計は益州のみを所有するものに、変更されねばならなくなった。

III

孔明、丞相となる

魏の建国と劉備の死

❖漢王朝の滅亡

二二〇年（建安二五）正月、魏王曹操は六六歳で世を去った。曹丕があとをついで魏王になり、その一一月、後漢の献帝から位を譲られ、魏朝が開かれた。表面上は禅譲《ぜんじょう》（ゆずりわたし）であるが、じっさいは魏が力によって位を奪ったのである。このようなかたちでの政権交代は、九六〇年、五代の後周から宋への交代まで何回となくくりかえされ、中国中世の一つの特徴ともなる。

曹丕（魏の文帝）は都を洛陽にうつし、年号を黄初《こうしょ》と定めた。黄巾の乱のところでものべたように、漢に代わる黄色の徳が始まるという意味であろう。司馬懿は曹丕が魏王となり、後漢の丞相に任ぜられたとき、丞相長史にうつり、魏朝が開かれると尚書の次官にと官を進められた。

成都にいた劉備のところには、後漢の献帝が、曹丕によって殺されたとのうわさが伝わってきた。これは誤報とわかったが、後漢王朝が消滅したのは事実である。劉備は二二一年（建安二六―魏の黄初二）四月、群臣の推戴をうけて成都で即位した。国号は漢といい、年号を章武《しょうぶ》という。国号の漢は、みずから後漢王朝の正統の後継者たることを示すもので、年号にも「黄」の字はつかわれていない。また成都には漢の高祖劉邦以下歴代の諸帝をあわせ祀《まつ》って、この国の行くべき道、存在の価値を明らかにした。当時の人は劉備の王朝を後漢に対して季漢《きかん》または蜀漢《しょくかん》と呼ぶ。孔明は丞相として、国事一般をつかさどった。

❖呉・魏の分裂

孫権は関羽討伐以来、曹操との同盟関係をずっともちつづけた。劉備が関羽の仇を報ずるために、呉に出兵すると、魏との関係をより強くする必要があった。孫権は魏に使者を出して、降服を申し込んだ。孫権の使者が洛陽にくると、魏の群臣たちは、まるで江南地方が支配下にはいったと思いおたがいに慶賀した。このとき、劉曄《りゅうよう》だけは意見をことにし、

「呉は遠く揚子江の南にあり、魏の内臣となる気持ちはないこと、ずっとむかしからそうでした。陛下は徳を堯と等しくされておりますけれども、醜虜たる呉の性は、その徳にまだ感じていません。いま呉に困難な事情がおこったので、臣とならんことを求めてきまし

たが、信ずることはむずかしうございます。呉の内外にさしせまった事件があり、この使いを出しただけです。呉の苦しんでいるのに乗じて、襲ってこれを取るべきです。そもそも『一日敵をほっておけば、数世の患をのこす』ということがあります。この言葉をよく考えなくてはいけません。」

しかし文帝は孫権を呉王に封じた。

二二二年（黄初三）の秋、文帝は孫権に人質を出すことを要求したが、孫権はそれをことわった。それで九月になって魏は呉に兵を出したが、呉も呂蒙・諸葛瑾らに命じて、これを防がせた。この戦いでいったん孫権は自らの罪を許されんことを乞うたが、やがてかってに年号を立て黄武《こうぶ》と名づけた。やはり「黄」という字をつけている。帝位にこそつかなかったが、年号を別に持つというのは、魏からの独立を意味する。呉がこうして魏との間に強気の策に出たのは、この間に関羽の仇《かたき》を討ちに来た劉備を破り、それを機会に蜀との友好関係が復活しそうな情勢ができてきたからでもある。

なお曹丕は魏王の位につくと、やがては魏朝を開くことまちがいなしとして、その準備のために、漢朝官吏の資格審査を行なった。官位を九等に分かち（官品）また官吏も才能によって九等にわけ（郷品）それぞれの郷品に応じた官位につけようというのである。これを九品官人の法というが、郷品は中正によって与えられるので、九品中正法と称されることもある。この法は魏朝が開かれると、そのまま官吏任用法の定制となり、さらに南北朝を通じてうけつがれていく。この九品官人法は陳羣らが中心となって計画されてきたものである。

❖張飛の死

劉備は孫権が関羽を殺して、荊州を取ってしまったことを恨んでいた。それでその報復のために荊州に出兵することを決意した。しかしこれには多くの人の反対があった。秦宓《しんふく》は土着の人々の意志を代表し、

「東征は天の時機に合しません。」

と言った。また劉備の古い部下である趙雲は、

「国の賊は曹操であって孫権ではありません。そのうえさきに魏を滅ぼせば、呉は自然に服します。操自身は死にましたが、曹丕が帝位をぬすんでしまいました。多くの人の心は魏をうつことを思っているのですから、早く関中をうばい、黄河・渭水の上流にいて、そして逆賊をうつべきです。そうすれば関東（函谷関の東）の義士たちも軍糧をもち、馬にむちうって、王師（劉備の軍）を迎えるでありましょう。魏をおいて、呉を先にするようなことはするべきではありません。いったん軍隊がぶつかりあえば急にそれを解きはなすことはできません。」

と言ったが、劉備はきき入れず、出兵にふみきった。蜀漢の当面進む方向を決定するこの動きに対して、孔明は直接意見をのべた様子がない。この遠征が失敗に終わったあと、

「法孝直（法正）がもし健在であったら、御主君を引きとめて、東征をさせなかったろう。たとえ東征に出ても、このような危険な状態におち入らせなかったろう。」

と嘆いただけだという。孔明も呉と戦うことはすべきでないともちろん考えていた。しかしそれ以上に劉備の関羽に対する情の厚いことを理解していたのであろう。孔明はついに情に流されたのである。ちなみに法正は、すでに二二〇年（建安二五）四四歳を一期《いちご》として、世を去っていた。

劉備出発の直前張飛の死が報ぜられた。張飛も強い性格の持ち主で、よく部下を鞭打ってかれらの恨みを買っていた。劉備はそのようなことをしてはいけないと、たびたび張飛を戒めていたが、ついに部下の手にかかって殺されてしまったのである。張飛と劉備とは江州（重慶）で合流して、荊州におもむく手はずになっていたが、いまや張飛の首だけが、下手人の手によって孫権のところにはこばれた。

❖蜀・呉の戦い

魏においても、関羽の死んだ直後から、蜀が呉に対して報復の兵を出すか否かについてしば

しば会議が開かれていた。そのとき、おおくの人は、

「蜀は小国にすぎない、名将は関羽だけである。関羽死に、戦いにも敗れたからには、出兵する理由はない。」

という意見であったが、劉曄だけは、

「蜀は狭い領域であり国力は弱いけれども、劉備の考えかたは、威武をもって自らを強く見せようとするものであります。きっと軍隊を出して、まだまだ余力があるのだということを示すにちがいありません。そのうえ、劉備と関羽は義は君臣ですが、恩は父子のようなものです。関羽が死んだのに、軍を興して敵を討つことができないとなっては、ものごとのけじめをちゃんとすることができなくなります。」

と、蜀・呉の戦いを予想した。

張飛

呉のほうでも、よもや劉備が荊州に出兵することはあるまいと、観測していたのではなかろうか。二二一年（章武元）七月、劉備が成都を出発したとの報知をうけると、孫権は驚いて使者を派遣し和を求めた。また荊州の南郡太守をしていた諸葛瑾も手紙を備に送っている。瑾はかつて弟の孔明と成都で会談し、なんとか話し合いで荊州問題を解決しようと努力したことがあった。

「お聞きするに、旗鼓《きこ》は白帝にいたったと。呉王が荊州を襲い取り、関羽に危害を加えたことを怨むことが深いためでありましょう。しかしこのたびの出陣は大を忘れて小にこだわるものでございます。試みに陛下のために、事の軽重・大小を論じてみましょう。陛下の関羽に対する親しさと、先帝（献帝）に対する忠誠と、どちらを大切に思われますか。陛下荊州と天下とどちらが大きいとお考えになりますか、孫権と曹丕とだれをさきにし、だれをのちにするのか、このところをよくお考えくだされ。そうすれば方針はたやすくきまるでございましょう。」

瑾の言い分には、やや自己弁護の感がないでもないが、この条理ある勧告をも劉備は受け入れなかった。なお諸葛瑾は弟の孔明との関係から、この直後劉備と内通しているのではないかと疑われている。しかしかれを信頼している孫権は、

「私と子瑜（諸葛瑾）とは死んでもかわらぬ誓いをした仲だ。子瑜が私にそむかないのは、

私が子瑜にそむかないようなものである。」

と言うだけで、取り合わなかった。孔明と劉備が君臣水魚の交《まじわり》であったのと同じように、瑾もまた孫権に厚く信頼されていた。

劉備は益州と荊州の境、巫《ふ》・秭帰《しき》に軍を進め、また武陵山中の蛮族を味方につけた。呉は陸遜を派遣して、蜀軍に当たらせた。関羽謀殺に大きな役割をはたしたあの陸遜である。この戦争においても劉備のやや無謀な戦線展開と、陸遜のたくみな戦術で、蜀軍は結局大敗してしまった。馬良《ばりょう》・馮習《ふうしゅう》・沙摩柯《しゃまか》らの将軍を失い、白帝城に逃げ込み、この地を永安と改めた。沙摩柯というのは、あるいはインド人かも知れない。蜀からいわゆるビルマ－ルートを通ってインドへの交通路が予想されるのである。

❖君自ら取るべし

劉備は永安城に病に伏す身となった。孔明は成都をはなれ、劉備を見舞ったが、二二三年（章武三）四月、備は世を去った。六二歳。病床で孔明に後事をたのんで言った。

「君《きみ》の才能は曹丕に十倍している。きっと国を安んじ、ついには大事を定めることができるであろう。もし子どもが輔《たす》けることができるなら輔けてくれ。もし不才であったなら、君自ら取るべし。」

孔明は涙を流して言った。

「私はあえて股肱《ここう》の力をつくし、忠貞の節をいたし、これにつぐに死をもってするかくごでございます。」

劉備は太子の劉禅を呼んで、

「おまえは丞相といっしょに事を処理せよ。丞相には父親に仕えると同じように仕えよ。」

と諭《さと》した。またつぎのような教えものこしている。

「私ははじめはただ下痢をしただけだったが、のちになって他の病気が出てきた。もうほとんどなおらない。人は五〇になれば早死とはいわない。それに私はもう六〇歳あまり。どうしてまた恨むところがあろう。また傷《いた》むこともない。ただおまえたち兄弟のことが心配だ。先日射君が言っていた。丞相がおまえの知恵は非常に進み、望んでいた以上になったといって喜んでいたと。ほんとうにそうであることがわかったら、どうして心配をしようか。いっしょうけんめいにせよ。いっしょうけんめいにせよ。小さな悪だといってしてはいけないし、小さな善だといってしないでほっておいてはいけない。ただ賢なもの、ただ徳あるものが人を服することができる。おまえの父親は徳がうすかった。これをまねしてはいけない。漢書・礼記を読みなさい。暇があれば諸子と六韜《りくとう》（兵法書）・商君書（法家）を観なさい。人の意志や知識を益すものである。きくところによると、丞相はおまえのために申韓（申不害・韓非子。何れも法家）六韜の書をうつし終わったという。まだ送ってはいない。行くべき道が失われたら、自分でさらに進むべき方向を求めよ。」

言葉のはしばしに父親としての愛情がにじみ出ている。

❖『正議』

劉禅が蜀漢第二代の皇帝で、後主と呼ばれる。孔明は丞相軍師中郎将・録尚書事として益州の牧と司隷校尉を兼ね、民政・軍政両方の最高責任者となった。

劉備死去の報が魏に伝わると、諸葛誕《しょかったん》・陳羣《ちんぐん》・王朗《おうろう》・華歆《かきん》といった人が、それぞれ手紙をよこして、降服をすすめてきた。これに対して孔明は『正議』という文章を草して、蜀の立場を明確にし、その進むべき道を示して、返事に代えた。

「むかし、項羽というもの、興るに徳によらなかったので、中原におって、帝者の勢をとったけれども、ついには釜ゆでの刑にあうような目にあった。のちのものの永久の戒《いましめ》となすべきだ。魏はこの鑑《かがみ》とすべきことを十分に考えず、項羽のあとをつごうとしている。曹操はさいわいに身を免れたが、子孫のものは戒めとせねばならない。しかるに、二、三の人たちは、五〇・六〇というような年齢に達しながら、偽《に》せ皇帝の旨を承《う》けて手紙を送ってくる。まるで陳崇《ちんすう》・張竦《ちょうしょう》のやからが王莽《おうもう》の功を称したようなもので、天のくだす禍《わざわい》にせまられたら、のがれようもない。むかし世祖光武帝が漢朝を再興するや、弱卒数千人をふるい立たせて、王莽の強兵四〇余万人を、昆陽《こんよう》の郊外でくじいた。そもそも正道によって淫なるものをうつ場合には、数のおおいすくないには関係がない。近いところに例をとれば、曹孟徳（操）はそのいつわりの力でもって、数十万の衆をあげもちい、張郃《ちょうこう》を陽平に救った。しかし勢いはきわまりつき、思慮の浅きを悔い、かろうじて脱出することができたが、そのするどい衆を辱《はずか》しめついに漢中の地を失ってしまった。神器はみだりに獲得できないことを深く知り、還《かえ》って鄴に至りつかぬうちに、毒に感じて（洛陽で）死んでしまった。子桓《しかん》（丕）は親にまさる不法なもので、親のあとをついで、漢の天下を奪ってしまった。二、三のものをして、蘇秦《そしん》・張儀《ちょうぎ》のような詭弁《きべん》をたくましうさせて、あの堯帝のときに出て、舜帝によって追放された大悪人の驩兜《かんとう》がおこした大きな災いを進める辞を奉ぜしめて、堯をそしり、禹《う》や后稷《こうしょく》（周の始祖）を諷《ふう》しようと思っている。いわゆる『いたずらに文藻をうしなって、翰墨《かんぼく》を煩労する』ものであって、立派な君子のなすべきわざでないぞ。」

堂々たる文章である。また軍誡《ぐんかい》を出して、部下の将兵につぎのように告げている。

「むかし黄帝は数万の兵をひきいて四方を制し、天下を平定した。まして数十万の衆をもってして、正道によって有罪者に臨む。これをさまたげるものはだれもいない。」

こうして蜀の進むべき道は明らかになった。これを実行にうつすためには、具体的には、内政においては人材の養成、外交においては呉との調整、それにいわゆる西南夷と呼ばれる、異民族平定の問題を解決しなければならない。

荊州領有問題を契機として、こじれていた呉蜀関係は、関羽の死によって、戦争状態にはいった。しかし魏呉蜀三国の力をはかったとき、呉蜀が連合して魏にあたらねば、これに対抗しえないことは明らかであろう。いま、それを数字によって示すと左のようになる。

	戸	人口	兵	吏
魏	六六三、四二三	四、四三二、八九一	六〇万以上	二万以上
蜀	二八〇、〇〇〇	九四〇、〇〇〇	一〇万四〇〇〇	四万
呉	五二三、〇〇〇	二、三〇〇、〇〇〇	二三万	三万二〇〇〇

この数字は三国がそれぞれ滅んだ年の数字であるから、げんみつにいえば、比較の対象にならないが、いちおうのめどは立つであろう。

さて孔明は劉備が死ぬと、鄧芝《とうし》を呉に派遣して、同盟の交渉にあたらせた。鄧芝は南陽の名族の出身で、祖先には後漢初期の名臣鄧禹《とうう》を出している。こういう外交交渉にはうってつけの人物であった。そして鄧芝はみごとその大役をはたした。

西南夷と魏の動向

❖ビルマ－ルート

蜀にとって、魏をうつためにはしておかねばならぬことがまだ残っていた。それは現在の四川から雲南・貴州にわたって住んでいた異民族——西南夷対策であった。

西南夷の住んでいる地域は、すでに漢代のころより、ビルマ（今のミャンマー）・インド方面との、あるいは広東地方への交通路として、注目されていた。紀元前一二九年、張騫《ちょうけん》は一〇年余におよぶ匈奴《きょうど》での抑留生活からのがれて、中央アジアの大月氏にたどりついた。大月氏は、もと蒙古高原の西部にいた遊牧民族であるが、匈奴に追われて西進し、張騫が来たころには、いまのソグディアナ地方を領有していた。張騫が漢の武帝から託された使命は、この大月氏を動かして、蒙古の故地回復の念をおこさせ、漢と連合し東西より匈奴を討とうとするにあった。しかし大月氏は肥沃《ひよく》なソグディアナの地を動くことを欲せず、張騫が武帝から託されたほんらいの使命は失敗に終わった。しかし張騫が大月氏国の支配下にあった大夏《バクトリア》の地に遊んだとき、そこに中国産の、しかも四川の地で産する物資（蜀の布、卭《きょう》の杖など）がはいってきていることを知った。そしてかれは蜀からビルマを経てインドに出、インドから中央アジアに通ずる交通路のあることを、大夏の商人からつきとめた。張騫は紀元前一二九年長安に帰ると、さっそくこのことを武帝に報告した。武帝はこの報告をきくや、ビルマ－ルートの開発を命じた。これは大土木工事であって、それだけでもたいへんな労働力を必要とするところにもってきて、先住の西南夷の抵抗を排除しなければならない。この交通路はかれらにとっても、一つの大切な貿易路であったに違いないからである。

さてこのビルマ－ルート開発のために、軍事力や労働力を負担させられたのは、巴蜀の住民であったから、やがてこの住民の間からも、この工事に対する非難の声があがってきた。武帝時代の宮廷詩人司馬相如《そうじょ》は、やはり蜀の出身であったが、この工事に反対する巴蜀の有力者たちに意見するという形をとって、武帝のやりかたを批判している。そして結局この工事は中止させられてしまった。

四川から広東方面への交通路も、やはり前漢武帝のときに、その存在が中央に明らかにされた。当時広東を中心に、南越という国が立てられていた。武帝はこの南越も支配下に入れようとしたわけである。唐蒙《とうもう》が派遣されて南越に来た。かれはこの地に蜀の名産蒟醤《くしょう》がもたらされ

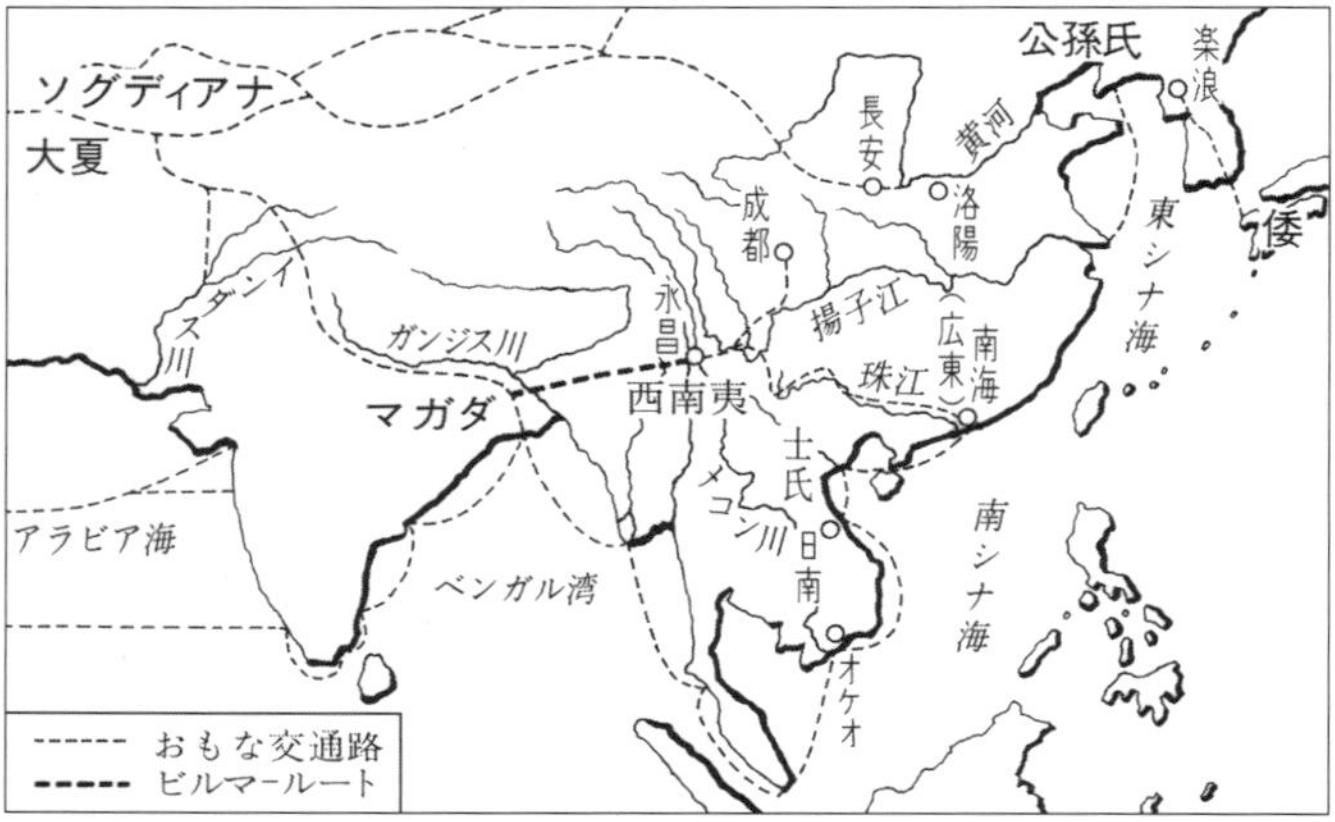

ビルマ-ルート

ているのに気づき、広東から珠江をさかのぼって、西南夷に通ずる道路のあることを教えられた。

❖夜郎自大

武帝はこの道を利用して、四川から南越に攻めくだろうとした。この途中にあるのが夜郎《やろう》という国である。夜郎には、つぎのような祖先にまつわる伝説があり、日本の『竹取物語』やあるいは「桃太郎」・「一寸法師」などのおとぎ話にまで似かよったものをもっている。

「ある日、一人の若い女が洗濯をしていると、一節《ひとふし》の竹が流れてきた。そしてその女の足のあいだにはいった。女はその竹を押しやろうとするが動かない。竹のなかから赤ん坊のなく声がきこえてくる。それでその竹を取りあげて、持って帰ってみると、一人の男の子が生まれた。その子を育てていくと、才能武勇があり、ついに夷狄《いてき》の頭《かしら》となった。竹を姓としている。むかし赤ん坊を取り出したあとで竹を捨てたところ、そこは竹林となった。いま竹王をまつってある竹林である。竹王が従者と旅をして大きな石の上に休んだ。王が羹《あつもの》を作るよう命じた。従者が水がありませんと申すと、王は剣をもってその石を打った。すると水が流れ出した。いまの竹王水がこれである。割った石も残っている。」

この竹王が治めているのが夜郎国である。唐蒙が使者となって夜郎に来て、交渉を始めたところ、夜郎王が言った。漢と夜郎とどちらが大きいか。夜郎は自分の国がたいそう大きいと思っていたのだ。「夜郎自大《じだい》」（井の中の蛙《かわず》、大海を知らず）ということわざはこうしてうまれた。

❖西南夷支配に失敗

このように西南夷はビルマやインドシナ半島に出る交通路にあたっているので、呉も蜀もこの地を領有することに関心はあるが、西南夷もまた利を見て、強いほうにつこうとして、叛服つねならぬものがある。ついでに言っておくと、インドシナ半島には士燮《ししょう》というものがおって、漢末よりなかば独立した政権を立てているが、呉の力がここには及んでいる。同じように中国東北部から朝鮮半島の北部にかけて公孫氏がこれも半独立の政権を立てている。

劉備は蜀にはいると同時に、鄧方《とうほう》というものを地方官として、この地に派遣した。方は私財を肥やすことに興味を示さなかった。南方にはいろいろ珍しい品物が外国から来るし、またこの地でとれたりする。これを中央に持っていくと、非常な利益になる。それで地方官のなかにはよりおおくの利を得ようとして、原住民からただ同様にこれらの珍しい物をうばいとるものもあった。後漢時代にも、この地方の長官として赴任して来て、私腹を肥やした例を何人か見ることができる。このようなタイプの人間はもちろん原住民からきらわれるし、ときには叛乱をひきおこすことにもなる。しかし鄧方のように清廉な人はおおいに慕われるわけだが、惜しいことに、かれはやがて病死してしまった。かわりに来たのが李恢《りかい》である。

李恢はもともと西南夷の土着の人間であった。とくにかれの妻の実家爨《さん》氏は、西南夷のいわば酋長であった。劉備が荊州から益州にはいってきたときに、劉璋の敗亡を予見して劉備の側についた。機を見るには非常に敏な男である。劉備も原住民との交渉には、こういう男がいると便利なので、これを重用した。ただしこういう人物は、えてして仲間うちからはよく思われないものである。李恢は一度は叛乱を企てているとざん言され、捕えられた。しかし劉備は自分でその無罪を証明してやった。鄧方が死んだとき、備がだれを後任にすればよいかと尋ねると、恢の答えは、

「人の才能には、それぞれ長短があるものです。孔子も『その人を使うやこれを器とす』と言っておられます。そのうえ明王が上にあれば、臣下はまごころをつくすものでございます。それだからむかし前漢の時代に、先零羌《せんりんきょう》の侵入がありましたとき、趙充国《ちゅうじゅうこく》は『これ

を平らげるのは、老臣にまさるものはない』と言いました。私は、自分の才能をはかりしることはできません。ただ陛下がこれをお察しくださることを願います。」

と、暗に自分こそ鄧方の後任に適当であることをほのめかした。劉備は笑って言った。

「予の本心はすでにおまえにあるのさ。」

しかし李恢ではどうもうまくいかなかったようである。劉備が死ぬとたちまち混乱が生じた。越嶲《えっすい》で高定元が自ら王を称してたち上がり、雍闓《ようがい》が建寧《けんねい》で郡の太守を殺し、牂柯《そうか》では朱褒《しゅほう》がこれに応じた。蜀では張裔《ちょうえい》を派遣したが、たちまち捕えられて呉に送られてしまった。この叛乱はかげで呉が糸を引いていたらしい。

「張裔は瓠《ひょうたん》で作った壺のようなものだ。そとがわはぴかぴか光っているが、うちがわはまことにおそまつ。殺すにあたいしない。」

これは雍闓が神のおつげにかりて部下に命じた言葉である。

呉は劉璋の子で呉に逃げてきていた劉闡《りゅうせん》を益州の刺史に任じ、交州・益州の境におらせ、雍闓を永昌の太守、朱褒を朱提の太守にそれぞれ任じ、恩を施《ほど》して呉のために働かせようとしたのである。

❖西南夷と漢民族

孔明は劉備が死んだ直後であり、かつ呉と同盟を結ぼうとするときであるから、直接戦争に訴えるつもりはない。常頎《じょうきん》というものを派遣して、雍闓を慰撫させた。それに対して雍闓が答えた言葉は、

「私は『天に二日なく、地に二王なし』と聞いている。いま天はわかれわかれになり国が三つある。遠い所にいる私どもは、ただ迷うばかりだ。」

そして常頎を斬ってしまった。これはあきらかに蜀に対して、「自分は蜀の支配下にははいらない」ことを示す行為である。しかしこの段階では、まだ西南夷の諸部落の間は、一つにまとまっていなかったようであるが、ここに登場するのが孟獲《もうかく》である。雍闓は人望のある孟獲に手紙をおくり、その力によって西南夷の統一をはかった。手紙の内容は、

「官が烏狗《うく》三〇〇頭、それも胸の前のことごとく黒いもの。満瑙《まんのう》三〇、三丈の高さの断木《だんぼく》三〇〇〇枚をほしいといっている。おまえたちにそれができるかどうか。」

ここに出て来る品物が、具体的にどんなものをさすのかよくわからないが、断木とは曲りくねった、堅い質をもった木で、高さはどうしても二丈にしかならない。それなのに三丈の高さのもの三〇〇〇枚というのだから、準備のしようがない。この手紙は雍闓がかってに作ったも

のかもしれないが、当時中央から派遣されてきた官吏の、日ごろの苛斂誅求《かれんちゅうきゅう》が、このような手紙を書かす土壌になっていたことは、たしかであろう。やがて雍闓は内紛によって暗殺され、孟獲が西南夷の大指導者になった。

鄧芝《とうし》が呉に使いしたことはさきにのべたが、かれは呉に連れ去られていた張裔の釈放についても折衝しそれに成功した。こうして蜀・呉両国の間には二二三年（魏黄初四、蜀建興元、呉黄武二）同盟が成り、以後互いに信使の絶えることがなかった。孫権は蜀との交渉はすべて陸《りく》遜《そん》にまかし、印を一つあずけておいて、外交の文書でも一存で決裁できるようにしておいた。

❖文帝の呉遠征

二二四年、呉の張温《ちょうおん》が蜀に答礼のためやって来た。蜀の国内ではやがてくるであろう北征の準備のため、農業をすすめ、国内の整備にあたった。魏でも文帝が大学を立て、博士をおき、五経課試《ごけいかし》の法を立てて、漢末いらいおとろえていた学問の復興につとめた。こうしてこの年は三国ともに国力の充実につとめた年で、戦争らしい戦争が珍しく行なわれなかったが、呉と魏の間には、一時緊張が高まったことがある。

魏では都を洛陽に定め、王朝を開いてからもたびたび天子が許《きょ》におもむいている。許は最初曹操が根拠としていて、後漢の献帝を迎えたところで、いろいろと記念すべき地であるが、そればかりでなく、呉を攻めるのには戦略的に非常に重要な地であった。二二四年三月、文帝は許から洛陽に帰ったが、七月にはまたもや許に行幸した。司馬懿（仲達）もこれに従っている。文帝はここでおおいに軍をおこして、呉を伐《う》とうというのである。辛毗《しんぴ》が反対し、

「先帝（曹操）もしばしば精鋭の軍をひきいられたが、揚子江の岸までいって、軍を返されました。いまそのときにくらべて、軍の数がふえたわけではありません。先帝の怨《うらみ》をはらすとしても容易なことではございません。いまは屯田をさかんにして、国力を養うべきでありまして、呉をうつには一〇年はやすぎます。」

と言ったが、文帝は、

「おまえのような考えであれば、あの呉のやつをおれの子孫たちに残そうとするのか。」

と反論した。ときに帝は三八歳。一〇年の後でも、五〇歳にはならない。まだまだ老いこみ死ぬような年ではない。かれにはなにか死の予感があったのであろうか。その二年後には、不帰の客になってしまった。

それはさておき、文帝は八月、水軍をつくり、みずから舟に乗り、蔡河《さいが》・潁水《えいすい》を経て淮水に出、寿春に進み、九月には広陵に至った。呉では徐盛《じょせい》が計略を立て、揚子江に大きな艦船を浮かべるとともに、木と草でみせかけの城をつくり、それを数百里にわたって揚子江の北に並べた。このように簡単な城であるから、一夜のうちにそれは完成した。木下藤吉郎の清洲築城の

話に似ている。魏軍は揚子江の北のほうから攻めて来たので非常にびっくりした。おりしも揚子江は水をまんまんとたたえている。文帝はこれを見て、

「魏に騎兵がいかに多くあっても、ここはそれを使いうる所でない。また呉をうつことはできない。」

と嘆じて引き返していった。一〇月文帝は許に帰り、そこで年をこした。なおここを足場にして、呉との戦いを考えていたのである。陳羣は文帝と行動を共にし、司馬仲達は許の留守居役としての役目を果たした。文帝はかれを前漢高祖の臣蕭何《しょうか》に比している。

二二五年、文帝は許から故郷の譙におもむき、さらに広陵において大観兵式を行ない、おおいに威を示した。しかしこの年は非常に寒く、氷がはったので、呉を攻めることができなかった。このとき文帝は馬上において、

「兵を観て江水に臨む、　（兵を観るとは軍の威力を誇示すること）
水の流は何ぞ蕩々たる。　（蕩々とは広くゆったりとしているさま）
戈矛山林を成し　（戈矛《かぼう》とはどちらもほこのこと）
玄甲は日光に曜く、　（玄甲《げんこう》とは黒色のよろい）
猛将は暴怒をいだき、　（暴怒とはあらくして怒《いか》る）
胆気は正に従横たり。　（胆気とは物事を恐れぬ勇気、従横とは意のまま）

誰か云う江水の広さ、

一葦もって航すべしかと……　　　　（一葦とはいかだ、小舟）」

に始まる五言の詩を賦した。しかしいまも言ったように呉を攻めることができなかったので、

「ああ天が南民を保護することの、なんと固いことよ。」

と嘆じて北に帰っていった。呉はこれに対し決死の士五〇〇人をして追いかけさせたので、文帝も一時は危険な目にあった。こうして許に帰りついたところ、城の南門が理由もなくくずれたので、文帝はこれをにくみ、許城にはいらず、二二六年正月、ほぼ一年ぶりに洛陽に帰った。

❖仲達ら文帝の遺託をうく

文帝は一〇年はとても待てないと自分で言っていたように、五月病死した。三九歳であった。文帝はまえにもいったように最初美人の甄氏を后としたがかの女はまもなく殺されてしまった。ついで郭氏が后に立つが、この人には子がなかった。甄后には八人の子があったので、文帝はそのなかの一人曹礼《そうれい》を皇太子にとも思ったようであるが、まだ皇太子はきまっていなかった。しかし曹礼と同母兄弟である曹叡《えい》は継母の郭后によく仕え、郭后もまたこの先后の忘れ形見を愛していた。ある日文帝は叡を連れて猟に出た。そこで母子づれの鹿に出会ったのである。文帝はその母鹿を殺し、ふりかえって叡に子鹿を射るように命じた。叡は自分と実母のことを思

い出して泣いて言った。

「陛下はもう、あの子鹿の母を殺されました。私はどうしてその子をよく殺しましょうや。」

と。〝文帝弓矢をすて惻然《そくぜん》（悲しむ、いたむ）たり〟と見える。

文帝は死の数日前、叡を皇太子に定めた。ついで曹真《そうしん》・曹休《そうきゅう》・陳羣《ちんぐん》・司馬懿《しばい》の四人を枕もとに呼び出して、後事を託した。曹真・曹休は魏の一族であり陳羣は宿老である。その三人と並んで後事を託されたことは、司馬懿がいかに文帝に信用されていたかがわかるとともに、その地位もまた一歩一歩と固まっていったことを示すであろう。文帝は皇太子に向かってつぎのように言った。

「おまえとこれらの人の間をさこうとするものがあっても、けっしてこれらの人を疑ってはならないよ。」

劉備の劉禅への遺言、あるいはさかのぼって孫策の孫権への言葉とはことなって、いかにも政治的な陰謀の渦巻くなかをくぐりぬけてきた人らしい遺戒であった。また文帝は、まちがっても「君自ら取れ」とは言えない人であった。

❖明帝の即位

明帝はにわかに皇太子になり、そして即位した。それで魏の臣下たちも、いったい新帝はどんな人物かと、にわかに関心をもちはじめた。かれはさすが曹氏の一族らしく、書籍をじっくりと読むというたちの人であった。また生まれつき口吃《こうきつ》であったことも、書籍により親しませたのであろう。

一言居士の劉曄が皇帝と会って宮中から退いてきた。さっそく人々は曄をとりまいて、その人柄を尋ねた。その答えはこうである。

「陛下は秦の始皇、漢の武帝のたぐいである。もっとも才能はこの二帝にすこし及ばないようだが。」

明帝は即位するや、臣下の才能を見ぬき、てきぱきと果断に事を処した。なかでも浮華譖毀《ふかせんき》の徒をおさえた。浮華の徒とは当時ようやく盛んになった老荘思想を尊び、これを実践しようと志す人人をさすのであろう（なお譖毀とはかげ口を言ってそしる）。それはまた一つの朋党を作っていたのでもあろう。かつて猟に行き、ふりかえりざまに虎を射殺した猛将曹真、歴戦の勇将曹休、儒教を尊ぶ司馬懿、儒・法をあわせもつ陳羣ら、明帝を輔佐する人たちはこれをにくみ、明帝もまたこれと同じ考えをいだいていた。陳羣は即位直後の明帝に、つぎのように言っている。

「『詩経』にはつぎのようにあります。『文王に儀刑《のっと》らば、万邦孚《ふ》を作《な》さん』と。またつぎのようにもいっております。『寡妻に刑し兄弟に至り、もって家邦に御す』と。（大雅文王の什《じゅう》）道は近きより始めて、化は天下にあまねくいたるものでございます。漢末、世が乱れてより、戦争はまだ終わらず、人民は王教の根本をしりません。ただそのおとろえのはなはだしいのをおそれるばかりでございます。陛下は魏が隆盛にむかう時にあたって、曹操・曹丕御二人の遺業をになわれました。天下は完璧な政治を思い願っております。ただ高い徳を天下に布《し》き、人民どもを恵み恤《あわれ》むことを考えられるだけでございます。こうすれば人々の幸いはこれにすぎるものないでございましょう。そもそも臣下が付和雷同し、是非がおおわれてしまうのは、国の大患であります。もし臣下が和睦しないならば党派が生じましょう。党派が生ずれば、毀誉（他党をそしり味方を誉める）することはてしがございません。毀誉にはてしなければ、真偽の実が失われます。かくのごとくにならぬように防がなくてはなりませんし、そのためにはまず源流を絶つことでございます。」

❖孔明、西南夷を討つ

明帝の死にさきだつこと一年、蜀では孔明みずから軍をひきいて、西南夷討伐にのりだした。

出師《すいし》の表に「五月瀘《ろ》を渡る。」とのべているのが、これである。瀘水を渡ればその南は瘴癘《しょうれい》（山や湿地に発生する毒気にあてられて起こると思われた熱病）の地。気候も悪く風土病もいろいろとある。孔明は例の李恢をはじめとし、馬忠、馬謖《ばしょく》、張儀らを伴って遠征におもむいた。

馬謖は荊州の人。劉備がまだ荊州にいたころに、その部下になったわけだが、かれには五人の兄弟があり、いずれも優秀な人物であった。とりわけ馬良はすぐれ、眉毛に白いものがまじっていたので、白眉《はくび》と称されていた。馬良は不幸にして、劉備が関羽の仇を報ぜんとしておこした戦いのさいちゅうに陣没してしまった。馬謖は五人兄弟の末子、馬良のすぐ下の弟である。かれも才気があり、孔明はとくにこの人物をかわいがっていた。ただ劉備は、謖は口さきは立派だが、その内容がともなわない。大用してはならないと、孔明に語っていた。

さて孔明は馬謖にこのたびの西南夷との戦いについての意見をたずねた。

「南中《なんちゅう》（西南夷の住地）はその険阻をたのんで、服さないこと久しうございます。今日これを打ちやぶっても、明日になればまた反するだけです。いま公は国力を傾けて北伐し、強賊の魏と事をかまえようとしていられる。西南夷たちはわれわれの勢力が北に集中して、国内が空虚であると知れば、そのそむくこともまた速いといえましょう。しかし西南夷たちを殲滅《せんめつ》しつくして、後患を除くということは、仁者の情ではありませんし、そのうえ急になしうることでもありません。そもそも用兵の道は敵の心を攻めるのが上策であり、敵の城を攻めるのは下策であります。言いかえると、心戦が上で兵戦は下であるのです。どうか公は相手を心服させることだけをお考えください。」

こういう答えがもどってきた。武器をもって相手をたたき伏せるより、心と心の触れ合いによって、相手を従わせるのがよいというのである。

❖七縦七擒

西南夷では最初の指導者雍闓が暗殺され、孟獲《もうかく》がかわって指揮を取っていた。話は少し前後するが、孔明は南征するとつぎのような命を下した。

「敵将孟獲を生けどりにせよ。」

やがて孟獲が孔明のまえに引き出されてくると、孔明は陣中をすみからすみまで見せてたずねた。

「この陣立てをどう思う。」

「さきの戦いでは、どこに欠点があるのか様子がよくわからなかったので敗けてしまった。いま陣中を見せてもらった。これなら勝つのはたやすい。」

「よし、このものを放してやれ。」

こうして孟獲は七たび縦《はな》たれ、七たび擒《とら》えられた（七縦七擒）。七回めのときにも、孔明が

放してやろうとすると、かれは立ち去りもせず、

「あなたは生まれつき神のような威力をもっていられる。南人は二度とそむくことはいたしませせぬ。」

と答えた。まさしく馬謖のいう、相手を心服させての勝利といえる。もっともそれだからといって、この戦いにおいて、一滴の血も流されなかったわけでない。西南夷の高定元を孔明は斬っているし、李恢は昆明で敵軍にとりかこまれ、あわやという危機におちいっている。

西南夷が平定されると、孔明はこの方面の行政区画を改め、李恢を行政の最高責任者に任じた。そして孟獲など原住民の頭目をそのまま官吏に任用してなかば自治を行なわせ、勇敢なものを飛軍と呼ぶ軍隊に編入した。これにより蜀は後顧の憂いを除き、ビルマ-ルートを通じて、貿易の利を独占し、かつ強兵を得ることができたのである。

孔明は漢人の官吏をなぜおかないのかと問われたとき、

「漢人の官吏をとどめれば、漢の軍隊をとどめねばならない。漢の軍隊をとどむれば、食糧の供給ができないことが、その一。このたびの戦いで西南夷の人々は、おおくその父兄を失い、国土は破れた。漢人官吏をとどめて兵がなければ、必ず禍患を成すであろうことが第二。いまもし兵をとどめず、糧を運ばないようにさせたなら、夷人漢人ともに安らかであろう。」

と答えている。これは中国本土に基礎をおく王朝が新しく平定した異民族の土地を治める手段として、しばしば取られる方法である。

後世、雲南や貴州の地に諸葛城、諸葛寨《さい》、諸葛営、諸葛山、諸葛洞、諸葛池、武侯城、武侯旗台などと諸葛孔明にまつわる地名、諸葛鼓、諸葛菜、諸葛木といった物名などを見るのは、いずれも孔明の遺徳と結びついてつけられた名であるが、また三国時代、この地が蜀漢の領域にはいって、開発が進められていったからでもあろう。

❖孔明と李厳の対立

呉との連和、西南夷の平定と、一つ一つ懸案の問題をかたづけて、いよいよ魏との戦いに取り組むことになる。二二六年は民を養うことで終わった。この年孔明と並んで、劉備から後事を託されていた李厳《りげん》が、永安から江州（重慶）に移って来たのも、北伐決行への布石であろう。

ところが李厳は孔明に向かって、

「九錫《きゅうしゃく》を受けて王を称されたらよい。」

とすすめた。九錫とは天子が諸侯の大功あるものに賜わる品物で、車馬・衣服・楽則・朱戸《しゅこ》・納陛《のうへい》・虎賁《こふん》・弓矢・鈇鉞《ふえつ》・秬鬯《きょそう》をさす。朱戸とは赤く塗った門、納陛とは屋敷の殿に上がる陛《へい》を露天にさらさないこと、虎賁とは警護の武士、鈇鉞はおのとまさかり、秬鬯は祀《まつり》に用いる酒で、くろきびとうっこん草とで造る。王を称すとは皇帝につく一段階まえに位置することをさす。曹操は魏王となり、曹丕は父のあとをついで魏王から魏帝になった。李厳は孔明に向かって、劉禅に代わって漢帝の位につくことを進言したわけである。孔明はこれを辞退して言った。

「私とあなたとは知りあって長い時がたっております。また弁明することもありません。あなたは国威をあらわす方策をお教えくだされ、そのためには拘泥することはないといましめてくださった。私はもと東方のつまらぬ男で、まちがって先帝に用いられ、位は人臣をきわめ、禄は一〇〇億を賜わるほどの身分になった。いま賊を討ってまだ徴《しるし》がなく、先帝の知己にこたえておりません。それなのに斉の桓公や晋の文公のごとき寵遇をのぞみ、みずからを貴くし尊大にすることは、その義にあいません。もし魏を滅ぼし、曹叡を斬り、帝が故《いにしえ》の都に帰られるなら、諸君たちといっしょに廟堂《びょうどう》にのぼりましょう。そのときは十命でも受けましょう。まして九（九錫）なんかはいうまでもありません。」

Ⅳ

大業ならず

出師の表

❖呉の北上

文帝の死は、呉蜀両国が魏に対して兵を出すための機会を与えた。ただ両国の足なみがそろわなかったのは、魏にとっての幸いといえよう。

呉ではいちはやく、文帝の死んだ年の八月、孫権みずからが兵をひきいて、江夏郡《こうか》より攻めのぼった。明帝は、

「呉はもともと水戦にたくみなもの、それが船をすてて陸上の戦いを挑むというのは、こちらの不備をねらったのであろう。しかしいま、江夏の太守文聘《ぶんぺい》と相対峙《たいじ》しているとのこと、攻守の勢いがかわるのは長いことではない。」

と言った。結果はそのとおりになった。また江夏攻めと呼応して、諸葛瑾が襄陽に攻めこんだが、これも司馬懿と曹真の軍に打ち破られてしまった。

❖出師の表

翌二二七年三月（蜀・建興五、魏・大和元）蜀がいよいよ本格的に北伐を開始した。劉備が成都で即位してから六年、劉禅の即位から数えて四年め、万端の準備を整えての出撃であった。このとき孔明が後主劉禅にさしだしたのが、有名な『出師の表《すいしのひょう》』である。

「臣亮が申しあげます。先帝（劉備）は漢室を復興するという大事業をおはじめになり、そのことがまだ半分もおわらねうちに、中途でおかくれになりました。いま中国は、蜀・魏・呉の三つに分かれ、蜀の地、益州は疲弊してしまいました。これはほんとうに国家存亡の危機に立っていると申さねばなりません。そうではありますが、天子のそばに奉仕する宮中の官吏たちが怠らずにつとめ、忠義の志にもゆる士たちが、戦場に死を思わず一身を忘れているのは、それはありがたい特別のお取り扱いをうけた先帝からのご恩を、その御子である陛下にむくいたてまつらんと思っているからでございます。どうか陛下はひろく臣下のものどもの申し上げることに耳を傾けられ、これをお用いになり、先帝の遺徳を大きくなされ、志士の気持ちをはればれと大きく広くなるようになされねばなりません。はじめからそんなことは自分でできないとあきらめ、いろいろ喩《たとえ》を引っぱり、道理にあわぬくだらぬことをおおせられて、せっかく陛下のおためと思って、忠臣たちが申し上げる諫言の道をおふさぎなされてはいけません。

陛下のおられる宮中と、政治の行なわれる府中とは、一体であって、けっしてわかれてはなりません。善悪賞罰はちがってはいけません。もし悪いことをしたり、罪科を犯すものがあったり、また忠善の行をなすものがあったなら、さっそく役人にお申しつけありて、悪人を刑し善人を賞して、陛下の公平明亮なる政治をお示しください。天子のおそばにいるから悪事をしても罰せられない、府中にいるから、功績あっても賞せられないというようなかたよったことがあって、宮中・府中とその人のいるところによって、法の適用が異なってはなりませぬ。

侍中の郭攸之《かくゆうし》・費褘《ひい》・侍郎の董允《とういん》、いずれも宮中の人物ですが、このものたちはみな老成実直、思慮ぶかくて忠誠一途であります。それだから、先帝はおおくの臣下のなかからえりぬいて、これを陛下にのこしたまわったのでございます。

私が考えますのに、宮中のことは大小の別なく、すべてこの三人に問い、そのあとで実行にうつせば、きっとその不足不備を補い、事業がいっそう広まってゆくでありましょう。

将軍の向寵《しょうちょう》、性質は立派にして善良、公平にして私無きもので、かくのごとき人物であるうえに、軍事に精通しております。むかし先帝がこころみにかれをお用いになりました。その腕まえをごらんなさって、『よくできる男じゃ』とおおせられました。それゆえに、このたびみなのものが、かれがもっともよいと申して、かれをあげて奏上し、軍の長官となりました。

私が考えますのに、軍中のことはことごとく向寵にお謀りになるならば、きっと軍中もたがいに仲よく一致し、また優者も劣者もともに、その適当な地位にいて、不平のないことと存じます。

賢臣にしたしんでつまらぬ人物を遠ざけた、これが前漢の興った理由であります。つまらぬ人物にしたしみ、賢臣を遠ざけた、これが後漢の滅亡した理由であります。先帝のご在世ちゅう、いつも私とこのことを議論して、後漢の桓帝・霊帝といった誤りを犯した皇帝について嘆息し、痛恨をお感じにならないことはありませんでした。

侍中〔郭攸之、費褘〕・尚書〔陳震《ちんしん》〕・長史〔張裔《ちょうえい》〕・参軍〔蒋琬《しょうえん》〕、これらはすべて貞良で節に殉じて死をいとわない臣であります。どうか陛下、かれらに親しみ、かれらをお信じくださいますよう。そうすれば必ず、漢の王朝が興ること、時間の問題になるにちがいありません。

臣はもと布衣《ほい》の身で、自分で南陽に耕して日を送り、ただ命を長らえさえすればよいと思い、おのれの名を諸侯に聞こゆるようにして、立身出世しようという考えはすこしもありませんでしたが、先帝におかせられては、私のようないやしきものに対せられ、おかまいもなく、貴き御身を曲げさせて、三回までも草屋をお訪ねくださって、この世にあたり、どのようにしたらよいか、とのご質問をいただきました。そこで私は先帝のご知遇に感激いたしまして、お仕え申し、犬馬の労をいたすことを堅く約束申し上げました。

のち荊州で戦いに敗れたとき、先帝に命ぜられて呉に行き同盟をする任をうけ、ついに赤壁で曹操を破り、大勝利を得ました。そのときからいつのまにか二一年、先帝は私の謹しみ深いことを知っておられました。だからおなくなりになるいまわのきわに、私に陛下の御身をお頼みになったのでございます。

太子を頼むとのご遺詔をうけていらい、昼となく夜となく心配し、もしか臣の力がたらず、お頼まれしたしるしがなく、先帝が臣をごらんになったのがまちがいであった、先帝に人を見るの明がなかったということになったらたいへんだと、それのみを恐れておりました。ですから五月濾水を渡って南の不毛の地にはいりました。いま南方は平定し、武器も十分準備ができましたから、三軍を引き連れて中原へ出発してこれを平らげ、駑鈍《どどん》の私ではありますが、どうかして悪人どもを退治して漢の御家をふたたび興し、蜀の田舎《いなか》から旧都へかえりたいと思っているしだいでございます。これこそ私が先帝のご恩に報いたてまつり、また陛下に忠をつくします私の職分であります。

国家のためにならぬこと、国家のためになることをたがいに比較し、善きほうをよく考え、自分の思うとおりに、誠をもって陛下に申し上げねばなりません。これは内にあって陛下を輔佐したてまつる、郭攸之・費禕・董允《とういん》三人の職責であります。どうか陛下、臣にはこれから賊（魏）を討ち滅ぼして漢の御代を再興する大事業の完遂をお命じのほどを願いあげます。万一にも臣の力足らずその効果があがりませねば、それは臣の責任でございますから、どうか臣の罪をお調べくだされて、刑法をもって罰せられ、そのことを先帝の霊にご申告を願いあげます。また内に残って陛下の左右にある三人に不行き届きの咎がありましたら、これを責めたまいて、職務怠慢を明らかに臣民にお示しなさることを願いあげます。恐れながら陛下におかせられても、おんみずからのおつとめとして、善き道につき左右にお尋ねあり、かれらの正しき言葉をよくおわかりになってご採用なされ、かくして先帝より陛下にむかし賜わりましたご遺詔にお副《そ》いあそばされますよう。お願い申しあげます。臣も従来ありがたきご恩を受け、感激にたえぬしだいでございますが、これから出陣いたしますと、いつ帰還できるかもわかりませぬ。いまこの表をしたためますのにも、いろいろのことを考えまして、覚えず涙が流れ、文のすじ道も立たぬようになったしだいでございます。」

『出師の表』を読んで泣かないものは、人臣にあらずと評されるが、一言一句誠意にあふれる堂々の大文章である。

孔明がこの表をたてまつると、劉禅は詔を下してこれを励ました。

❖新城太守孟達

孔明とともに北征の途にのぼったものは、趙雲・鄧芝《とうし》・魏延《ぎえん》・呉壹《ごい》・向朗《しょうろう》・楊儀《ようぎ》らであり、その人材をほとんどつくしたといえる。あとに残ったのは、孔明が信頼する蔣琬《しょうえん》・張裔《ちょうえい》そして費禕《ひい》らであった。

孔明はこの遠征にさきだって、戦場となる漢中付近に、いろいろ外交的な手腕を発揮して、手をうっておいた。一つは陝西・甘粛地方の人々に連絡をとり、天水・安定・南安の三郡の内応を約束させておいた。また戦場の東側上庸《じょうよう》郡にも運動した。ここには孟達がいる。かれはもと長安近くの人で、劉璋《りょうしょう》に仕え、ついで劉備の配下にはいったが、関羽救援を拒否し魏に降っていた。しかし魏でも曹丕が死に、その立場が微妙になっていたらしい。孔明はかれを利用しようとして何度か手紙を送った。やがて孟達から玉製の玦《けつ》と、織成の障扇《しょうせん》（縫い取りをした長い柄の扇）と、南海産の植物で製した香――蘇合香《そごうこう》が届いた。決心がついた（玦）、計略も成った（成）、事すでに合わん（合）という意味である。

孔明の孟達への働きかけを事前にキャッチしたのが、宛《えん》にいた司馬仲達（懿）である。このあたりから、仲達と孔明とが直接接触するようになる。仲達は文帝の時代はほとんど許に駐留していたが、この年の六月に荊州・予州の諸軍事を督するという肩書きを加えられて宛（南陽）に駐屯していた。仲達もまた孟達に手紙を送り、これをさとしていった。

「あなたはむかし、劉備をすてて、この魏の国に一生を託されたのです。国家もあなたに新城太守という重任をゆだね、あなたに蜀を図ることを任せたのです。それだから蜀の人があなたにはぎしりをしないものはありません。諸葛亮はなんとかあなたと魏国の間をさこうとして、道がないのに苦しみ、何かと策動しています。」

このようにさとしながら仲達はいっぽうでは「孟達は二賊（呉・蜀）と交通し、天下の動向を見て動こうとしている、かれを殺さなくてはならない」と考えた。そしてただちに行動を開始した。宛から新城にわずか八日で到達した。孟達は孔明への手紙のなかで、

「宛は洛陽から八〇〇里（一里は約四〇〇メートル）、この新城からは一二〇〇里。私が事をあげたと聞けば、天子に上表して、私を伐《う》たんことを請《こ》うでしょうが、そのやりとりに一か月はかかります。その間に私の城は堅固になり、しかも新城は地の利に恵まれております。司馬公もきっと攻めてきますまい。自分にはなんの心配もありません。」

と言っている。よもや八日で攻めてくるとは思っていなかった。宛―洛陽―新城という型にはまった思考しかできなかった孟達は不意をうたれて、手の施しようもない。かれは、

「私が事をあげて八日で、兵がやって来た。なんとすばやい行動でしょう。」

こう言うだけである。これでは蜀も呉も孟達を助けることはできない。そのうえ、かれはあっちについたり、こっちについたり頼りにすることができないと見られている。孟達は一六日めに降服した。そして司馬仲達はふたたび宛に帰った。あくまで呉をおさえておく必要がある。孟達を味方につけることには失敗したが、陝西方面への工作は成功していた。のちに孔明なきあと、蜀の軍事上の最高責任者となった姜維《きょうい》が孔明の下に参加したのはこの結果である。

❖仲達と孔明の接触

孔明の軍は成都を進発して、いっきょに関中に攻め込んできた。これに対し、軍事的にもかくれた才能を持ち、二〇歳という血気にはやる年齢でもあった魏の明帝は、みずから兵をひきいて出撃しようとした。孫資《そんし》がこれに対して、曹操の張魯攻撃の経験などを織り込んで、関中は地形上からも大軍を出しにくいこと、守備を固めて相手の疲れを待つべきであることを言ったので、親征は思いとどまった。また明帝は仲達に、

「二虜（呉と蜀）は、どちらを先に撃《う》とうか。」

と尋ねている。仲達の答えは、

「呉はわが魏の国が水戦に習熟しておりませんので、ずうずうしくも東関（濡須口、安徽省無為県）に散居しております。いったい敵を攻めるには、かならず敵の喉元《のどもと》を扼《やく》し、その

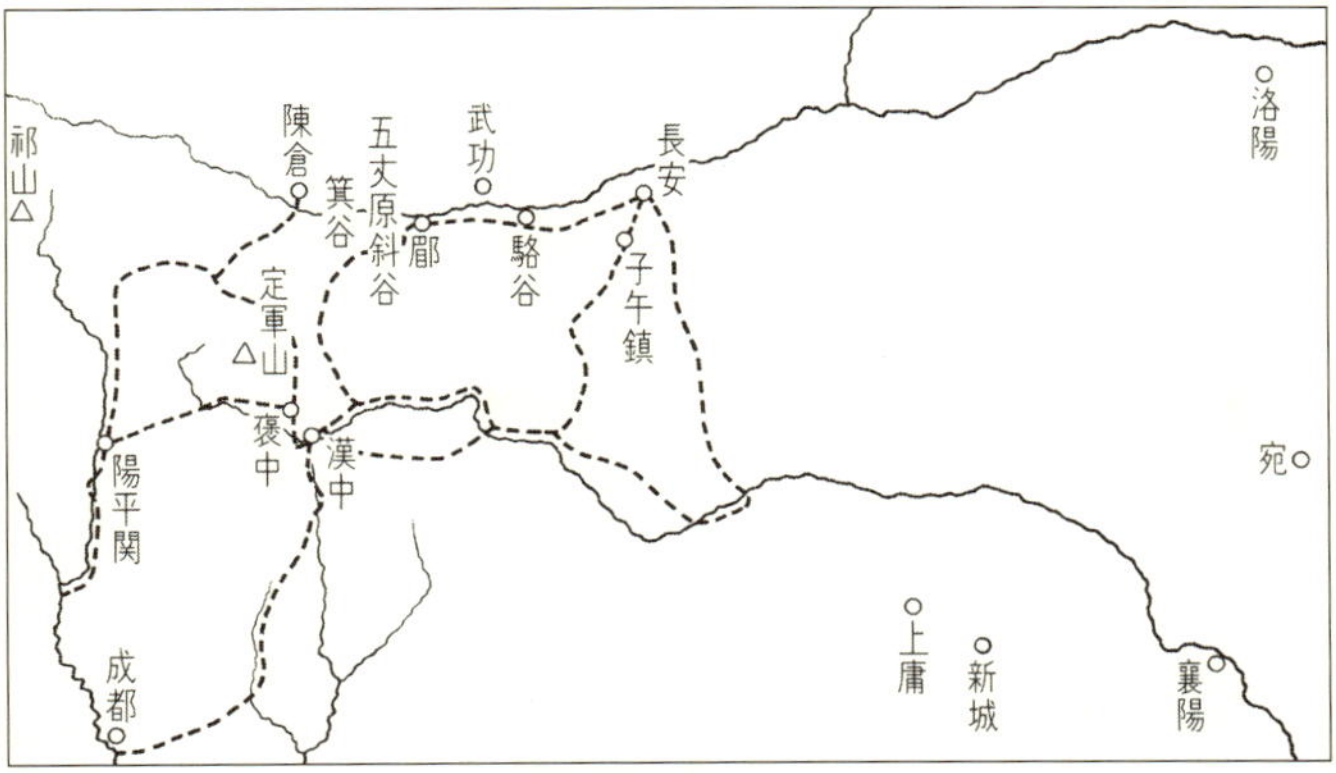

魏蜀交戦要図

心臓をつくべきです。夏口（武昌）と東関が呉の心と喉です。そこで陸軍を皖《かん》（安徽省懐寧《かいねい》）に向かわせて、孫権を東に下らせ、水軍を夏口に向かわせて、孫権の留守に乗じてここを撃たせます。これ神兵が天から降ってくるようなもので、呉を打ち破りうること必定です。」

このように魏は蜀よりも呉を重視していた。仲達は宛からなお離れようとしなかった。関中の地はどちらの側にとっても守備の地であって、そこを越えて攻撃する土地ではないとの考えがあったのである。

さて孔明は陽平関の白馬山にその本陣をおいた。ここから魏をどう攻めるか。孔明はあらかじめ手をうっておいた隴右を完全に掌握下において、それから関中にはいろうとした。ところがこれに対して、関羽・張飛なく、趙雲老いたいま、蜀漢随一の勇将魏《ぎ》延《えん》は反対の意見をもつ。当時魏は夏侯楙《かこうぼう》を長安に配置していた。

魏延は、言った。

「夏侯楙は曹操の女婿であります。怯懦《きょうだ》で謀《はかりごと》ももっておりません。いま私に精兵五〇〇〇、輜重《しちょう》五〇〇〇をかしてもらい、まっすぐ褒中から出て秦嶺をめぐって東し、子午谷につき当たって北すれば、一〇日をこえずして長安に至ることができます。楙は私がやってくると聞けば、きっと船に乗って逃げだすでしょう。長安中にはただ京兆太守を残すだけであります。長安の倉庫にある穀物と、逃げのびた人民のそれとで、わが軍の食糧にすることができます。東方で衆を合して長安に向かうには二〇日あまりはかかります。公が斜谷《やこく》から長安に来るのには十分過ぎる時間であります。こうなれば、いっきょに咸陽《かんよう》以西は平定することができます。」

孔明はこの策は一か八かの大ばくちとして採用しなかった。

❖街亭の戦い

二二八年、孔明は斜谷を通って郿《び》を占領するぞと言って、趙雲と鄧芝を箕谷《きこく》に進ませた。魏では曹真が関右方面の最高指揮官に任ぜられ、郿に向かった。しかし郿をうつと言ったのは孔明の作戦で、かれの本心はもっと西にあった。それは現在の陝西《せんせい》・四川《しせん》両省を結ぶ交通上の要衝祁山《きざん》である。孔明はみずから祁山に向かった。馬謖がそれにつき従っている。孔明が祁山に出陣すると、天水以下の三郡がこれに服属した。魏では張郃《ちょうこう》を派遣してこれに当たらせた。張郃はこのときはすでに魏の宿将であったが、かつて曹操に従って張魯攻撃に出陣したこともあり、地形に習熟している。また実戦にかけては屈指の名将であると同時に、学問にも理解があり、文武両道にすぐれた人物として、人気を集めていた。

張郃は当時司馬懿の言う呉の心臓部、荊州にあって、孫権の部将劉阿と対陣していた。それをあえて動かして東方の祁山に向かわせようというのである。司馬懿がおれば、呉をおさえられるであろうという、懿に対する信用と、対戦国呉の消極さを見抜いていたのであろうか。呉は蜀と共同して魏を攻めるといいながら、その実はなかなか積極的な行動をとっていない。孔明が孫権に送った手紙のなかにも、

「漢室は不幸なこととなり、王綱は紀を失ってしまいました。曹氏は漢室をうばい。その勢は蔓延していまにおよんでおります。これを勦滅《そうめつ》しようと思っていますが、いまだ同盟はとげられていません。亮は昭烈皇帝（劉備）の重い寄託をうけて、力をつくし忠を尽くさないではおられません。いま大軍がすでに祁山に集まり、狂寇《きょうこう》曹氏は渭水の岸に滅びようとしています。どうか同盟の義をもって、北征をお命じになり、ともに中原を靖《やす》んじて、漢室をすくうようにしていただくことを希望します。手紙では言をつくしかねます。なにとぞご賢察ください。」

呉が積極策に出ることを、ひたすら希望しているのである。

さて張郃が渭水の上流に軍を進めて街亭にきたとき、最初に遭遇したのが、馬謖の軍である。

蜀の陣内では、魏延や呉壹といったベテランを、この地位においてはという意見があったにもかかわらず、孔明があえて馬謖を登用したのである。これは結果論になるかもしれぬが失敗であった。孔明はあらかじめ謖に、

「けっして山の上に陣取ってはならぬ。」

と注意しておいた。それにもかかわらず、謖は水辺をすてて山上に陣をしいた。そのうえ指揮官としての器量に欠けていた。どっしりとしたところがないのである。王平がこの点を指摘して諫めたけれども、ききいれられなかった。

❖泣いて馬謖を斬る

いっぽう張郃は街亭に来てみると、馬謖が山上に陣をしいている。水と糧食の補給路を絶って、謖の軍を苦しめた。この戦術を取られて、馬謖はすっかり困却し、ただ一度武器を交えただけで引き退いてしまった。馬謖と仲のよかった向朗は、謖をかばって報告をおくらせたので、より傷口を深くした。そのころ趙雲らの軍も、これはもともとから陽動作戦のための軍であったから、曹真に攻めこまれて、敗れ退いた。しかし趙雲は敗れたとはいえ、局面の収拾を心得ていたので、大きな混乱はおこさせなかった。

孔明が趙雲に陣中に残っていた絹布を分け与えて、将士をねぎらってはどうかと提言すると、

孔明、泣いて馬謖を斬る

この老将は言った。

「戦争に負けたのに、どうして賜わりものなどなさるのか。絹は赤岸の倉庫に入れておき、一〇月になって冬賜の用にあてればよろしい。」

かくして第一次の北征は、街亭の敗戦によって失敗に終わった。ある人が、

「いま魏は戦いに勝って安心しているでしょう。もう一度兵を出されたら。」

とすすめると、孔明は答えた。

「大軍が祁山箕谷にあって、みな賊よりおおかったのに、賊を破ることができず、かえって賊に破られてしまったのは、この病根は兵がすくないということにはないので、私一人にある。いま将兵の数を減じ、将来のことを考えようと思う。もしそうしなければ、いくら兵がおおくても、なにのたしになろうか。これからのち、国に忠をつくしたいと思うものは、ただ私の欠点を責めることにつ

とめてほしい。そうすれば大事はなしとげられるであろうし、賊を死《ころ》すこともできるであろう。功は足をあげて待つことができる。」

敗戦の根本原因をえぐり出して、将来に備えようというのである。やがて敗戦の責任を問う処分が発表された。まず馬謖が当面の責任者である。かれが孔明の信頼を得ていただけにその処置が注目された。しかし孔明は公私の別をきびしく分け、「斬」刑にした。たださえすくない蜀の人材から馬謖を欠くことは大きな損失である。孔明は泣いて馬謖を斬った。馬謖をかばった向朗は免官、趙雲も箕谷の敗戦の責を負って閑職に移された。そして孔明は自らにもきびしい態度をとった。後主に対して、自らの処罰を願い出た。

「私は弱才をもって、身の程をすぎた高位にのぼり、旗・鉞をとって三軍を指揮しました。しかし規則を訓《おし》え、法を明らかにし、事にのぞんでは慎重におそれる気持ちを持たせることができませんでした。街亭で命令に違うという失敗、箕谷では警戒を怠るという過失が生ずるにいたりました。その咎《とが》はみな私の人事がでたらめで、私に人を見る目がなく、軍事に無知であったことにございます。春秋では帥《すい》（指揮官）を責めております。私の職はその帥にあたっています。どうか任を三等おとして、その咎を督《とく》して（督は責める）ください。」

孔明は右将軍におとされたが、丞相の職務は従来どおりであった。

馬謖は刑にのぞんで、孔明につぎのような手紙を書いている。

「閣下は私を子どものようにかわいがってくださり、私も閣下を父のようにしたっておりました。いま、私は鯀《こん》が黄河の治水に失敗して殺されましたが、その子の禹《う》が治水に成功し、舜《しゅん》から位を譲られたことを思い出しております。平生のご厚誼《こうぎ》を遺族のものにお示しくだされば、私は死んでもあの世において恨むことはございません。」

孔明もまた馬謖の家族をそれまでどおり遇した。

馬謖の処刑が行なわれた直後、蔣琬が成都から出てきた。かれは馬謖の処刑についてつぎのような意見をのべた。

「むかし、楚王が自国の勇者得臣を殺したので、晋の文公が非常に喜んだといいます。戦争の勝負もまだわからないのに、知計ある人を殺すのは、惜しいではありませんか。」

孔明はこれをうけ、涙を流しながら答えた。

「むかしの例を引くなら、あの孫武が勝ったのは、法の適用がはっきりしていたからではないのか。国内の法が乱れていて、どうして敵を討つことができようか。」

北征三たび成功せず

❖曹休の死

明帝は四月長安から洛陽に帰り、六月に、

「儒学を尊ぶのは、王道の教えの根本である。どうもちかごろ儒官になるものが、それに適するような人でないようだ。こんなことでは、なにをもって聖人の道を宣明しえようぞ。郡国が人物を推せんするには、経学を先にせよ。」

と儒学尊重を強調する詔勅を出している。当時流行の老荘思想、老荘流の古典解釈を批判しているのである。これは明帝個人の考えもあるであろうが、帝を取りまく四人の人、司馬懿、陳羣らの考えもまたはいっているのであろう。

ここで魏・呉の関係をみると、五月に呉が揚州にいる曹休を倒して、北に向かう突破口にしようと試みていた。呉の周魴《しゅうほう》が曹休に降伏を申し入れてきた。曹休はすでに一年ちかく呉との国境地帯皖《かん》に駐留し、何人かの呉の文官・武将の降伏を見ているのだ。周魴の申し出にも、さほど疑問をもたなかった。明帝も周魴の内応をきき、この機会に司馬懿のいう相手の喉《のど》を扼《やく》そうとし、仲達に宛から江陵に進むことを命じ、さらに賈逵《かき》を東関に向かわせた。こうして三方から呉に進軍した。これこそ呉では待ちもうけていたところである。孫権自身が皖に出陣し、陸遜《りくそん》が大都督となって、朱桓《しゅかん》・余琮《よそう》らが軍をひきいてこれを迎えうった。周魴にたばかされたとさとるのがおそかった。戦いは呉の勝利に終わり、休は賈逵の救援を得て、かろうじて逃げ帰った。しかしこの敗戦が原因で、疽《そ》を背に発して、九月に死んだ。四本柱の一本が欠けたわけである。

❖後出師の表

孔明はここにおいて、再度の出兵を計った。このときかれが劉禅にたてまつったのが、『後出師の表』である。これははたして孔明が著したものかどうか疑問視されるが、いちおう紹介しておこう。

「先帝、漢・賊は両立せず、王業は偏安（かたよった地にいておちついている）せざるを慮《おもんばか》り、ゆえに臣に託するに賊をうつをもってす。先帝をもって臣の才を量《はか》る。もとより臣の賊をうつに、才弱く敵の彊《つよ》きを知る。しかれども賊を伐《う》たざれば、王業もまた滅びん。ただ坐して滅ぶるを待つは、これを伐つにいずれぞや。このゆえに臣に託して疑わざるなり。
臣、命を受くるの日、寝ぬれども席に安んぜず、食えども味を甘しとせず。北征を思惟し、よろしくまず南に入るべしと。ゆえに五月瀘を渡り、深く不毛に入り、并日《へいじつ》にして食す。臣自ら惜しまざるにあらざるなり、王業は蜀都に偏全するを得ず、ゆえに危難を冒してもって先帝の遺意を奉ずるなり。しかるに議するものはおもえらく、計にあらざるなりと。いま賊たまたま西に疲れまた東に務む。兵法に労に乗ずとあり、これ進趨《しんすう》の時なり。つつしんでその事を陳《の》ぶること左のごとし。

高帝は明日月に並び、謀臣淵深（奥深い）なり。しかれども険を渉《わた》り創をこうむり、危うくしてしかるのちに安し。いま陛下いまだ高帝に及ばず、謀臣は〔張〕良・〔陳〕平にしかず。しかるに長計（すぐれた計画）をもって勝を取り、いながらにして天下を定めんと欲す。これ臣のいまだ解せざるの一なり。

劉繇《りゅうよう》・王朗おのおの州郡に拠《よ》り、安きを論じ計を言い、ややもすれば聖人を引き、羣疑《ぐんぎ》腹に満ち、衆難胸を塞《ふさ》ぐ。今歳戦わず明年征せず、孫策をして坐《い》ながらに大にして、ついに江東を并《へい》せしむ。これ臣のいまだ解せざるの二なり。

曹操は知計人に殊絶す。その兵を用うるや、孫〔子〕・呉〔子〕に髣髴《ほうふつ》せり。しかれども南陽に困《くる》しみ、烏巣《うそう》に険にして、祁連《きれん》に危うく、黎陽《れいよう》に迫られ、ほとんど北山に敗れ、ほとんど潼関《どうかん》に死す。しかるのち一時を偽定するのみ。いわんや臣の才弱きをや。しこうして危うからざるをもってこれを定めんと欲す。これ臣のいまだ解せざるの三なり。

曹操は五たび昌覇を攻めて下さず、四たび巣湖を越えて成らず。李服を任用して李服これを図り、夏侯に委ねて夏侯敗亡す。先帝つねに操を称して能となすも、なおこの失あり、いわんや臣の駑下《どか》（凡庸な才能）なるをや。なんぞ能《よ》くかならず勝たん。これ臣のいまだ解せざるの四なり。

臣の漢中にいたりしより、中間朞年《きねん》（満一年）なるのみ。しかるに趙雲・陽羣《ようぐん》・馬玉《ばぎょく》・閻《えん》芝《し》・丁立・白寿・劉郃《りゅうこう》・鄧銅《とうどう》など、および、曲長屯将七〇余人、突将無前、賨叟青羌《ひんそうせいきょう》、散騎武騎一〇〇〇余人を喪《うしな》えり。これみな数十年のうち、糾合《きゅうごう》するところの四方の精鋭にして、一州のある所にあらず。もしまた数年ならば、すなわち三分の二を損ずるなり。まさになにをもって敵を図るべきや。

これ臣のいまだ解せざるの五なり。

いま民窮り兵疲る。しかも事息《やす》むべからず。事息むべからざれば、すなわち住《とど》まると行くと、労費はまさに等し。しかるにいまに及びてこれを図らず、一州の地をもって賊と持久せんと欲す。

これ臣のいまだ解せざるの六なり。

それ平げがたきものは事なり。むかし先帝は楚に敗軍す。この時にあたり、曹操は手をうち、謂《い》いけらく、『天下はもって定まると。』しかるのち先帝は東のかた呉・越を連《つら》ね、西のかた巴・蜀を取り、兵をあげて北征し、夏侯首を授けたり。これ操の失計にして、漢の事まさに成らんとするなり。しかるのち呉さらに盟に違い、関羽毀敗し、秭帰《しき》に蹉跌《さてつ》し、曹丕帝を称す。およそ事かくのごとく、逆《あらかじ》め見るべきこと難《かた》し。臣鞠《きく》躬尽力して、死してのちやまん。成敗利鈍にいたりては、臣の明のよく逆め覩《み》るところにあらざるなり。」

❖陳倉の戦い

孔明は一二月、陳倉（陳西省宝雞県）を攻めた。陳倉を守っていたのは郝昭《かくしょう》である。手兵は一〇〇〇人あまりと少ないが、その年の正月からほぼ一年、あらかじめこのことあるを予想して、防備を固めていたから、簡単には攻め落とせない。孔明は郝昭と同郡の靳詳《きんしょう》を呼び、城中によびかけて降伏をすすめさせたが、昭は、

「魏の軍法がどのようなものか、よく知っているはずです。私がどんな人間かもよく知っているでしょう。私は魏の重恩をうけ、家柄も重い。いまさら何をおっしゃるのか。私にはただ死あるのみである。帰って諸葛孔明に告げよ、降伏せよとのご好意はありがたいが、ただ攻めてこられればよいのだと。」

軺車（四面おおいのない小車で軍用に用いられた）

孔明は再度降伏をすすめさせた。

「兵力から言って、蜀は数万、おまえのほうは一〇〇〇人あまり。とても敵することはできないであろう。むなしく自らを滅ぼすようなことをするな。重ねて言う。降参したらどうかと。」

しかし郝昭はあくまでも降服をがえんじない。

「まえに言ったとおりだ。うるさく言うと矢を放つぞ。私はおまえを知っているが、矢はおまえを知っていないからな。」

孔明はやむをえず城攻めにかかった。すなわち雲梯《うんてい》（いまの梯子《はしご》車のようなもの。梯子の突端から、戦士が敵の城壁によじのぼる。梯子の突端には牛の皮をはりめぐらしておいて、敵の矢を防ぐ）衝《しょう》車（轅《えん》―ながえ―のさきに鉄がついていて、それで城を崩す）を使って城を破ろうとした。これに対して郝昭のほうでは火箭《ひや》を放って雲梯を焼き、石臼を縄のさきに結びつけて、それを城壁の上からおとして、衝車を壊した。そこで孔明は一〇〇尺の井闌《せいらん》（材木を井桁《いげた》に組んで作ったやぐら）を作って城中に矢を射かけた。そして土やかわらを投げこんで堀を埋め、城に攻め込もうとした。郝昭は重橋を築いてこれを防いだ。さらばと孔明はトンネルを掘って城中にはいろうとすると、郝昭も逆にトンネルを掘り返して、孔明側のトンネルを切断してしまった。こうした攻防戦が二〇日あまりくりかえされ、ついに孔明は陳倉を攻め落とすことができなかった。

これよりさき、孔明が陳倉を攻めたときくや、呉との戦線に復帰していた張郃を方城（湖南省方城）から呼びもどし、陳倉に派遣した。

張郃が洛陽に立ちよると、明帝が、

「おまえが行きつくまでに、孔明が陳倉をおとしはせぬか。」

ときいた。張郃は答えた。

「私が行きつくまでに、孔明はもう退却しているでしょう。指を折って計算してみると、孔明の食糧は一〇日足らずでございます。」

張郃が夜を日に継いで南鄭に至ったところ、孔明は陳倉の囲みを解いたのである。

翌二二九年の春、孔明は甘粛方面に兵を出し、隴右を確保した。これを機会に孔明は丞相に復した。

孫権、皇帝の位に昇る

❖孫権、帝位につく

二二九年四月、呉の孫権は帝位につき、黄竜と改元した。呉が帝を称したことは、漢朝復興を国是とする蜀にとっては、はなはだ困ったことで、せっかくの呉蜀同盟にひびがはいりそうになった。じじつ蜀の国内には呉の態度を不遜とする意見があったが、孔明は魏を倒すまでは、呉との同盟の必要なことを強調し陳震を呉に派遣して、孫権が帝位についたことを祝賀するとともに、同盟を破ることのないむねを告げ、魏を倒した暁には、予・青・徐・幽・司州の函谷関以東、東方沿海地域を呉の領土にするとの協定を行なわせた。

孫権は蜀との同盟を固めると、ついで遼東の公孫氏に使者を派遣した。この公孫氏というのは後漢末よりこの地方に勢力を有していたが、二二八年に独立の宣言をしたのである。呉と遼東とは海上の交通が可能である。そこで同盟して東方から魏へ圧力をかけようというのである。二三〇年には呉が夷《い》州と澶《せん》州（いまの海南島と台湾）を求めさせたのも、これと一環をなす事業であろうか。この夷州と澶州は会稽《かいけい》の海外にあるとされる。そしてそこには秦始皇のとき、神仙を求めて山東から船出した徐福の子孫が住んでいるとされる。いっぽうでは倭人も徐福の子孫であるとの説がそのころにはあり、魏志倭人伝に、朝鮮半島からその倭までの距離と方向が記されているが、これをそのままに読めば、倭も会稽の東方にくることになる。日本・台湾といった地が、まだはっきりと地理的関係も理解されないままに、伝わっていたのであろう。とにかく公孫氏と呉との連絡がつくことにより、朝鮮半島や日本も東アジアの国際社会に組みこまれるようになっていく。もちろん倭は女王卑弥呼《ひみこ》の時代である。

❖曹真の死

二三〇年、魏のほうから曹真が兵をひきいて蜀に攻め込んで来た。曹真はその年剣履上殿、入朝不趨の特典を明帝より賜わっていたが、蜀がしきりに辺境を侵すから、これを伐《う》つべきであり、数道より並び入れば、おおいにかつことができると説いたのである。これに対し、重臣の陳羣は、

「太祖（曹操）がむかし陽平にいたって張魯を攻めました。豆麦をおおく収めて、もって軍糧を増しました。それなのに魯がまだ降参しないうちに食糧は乏しくなりました。いま

はもう因《よ》るところもありません。そのうえ曹真が攻めようとする斜谷は険阻で、進退しがたいのです。食糧を運べばかならずうばわれます。熟慮しなくてはいけません。」

と反対した。帝は陳羣の言うことに従おうとしたが、ふたたび曹真が兵を出さんことを請《こ》い、さんざん議論をくりかえしたすえ、曹真の主張が通ることになった。八月曹真・張郃らが斜谷・子午の諸道から漢中に向かい、司馬仲達も漢水をさかのぼって西城から漢中にはいることになった。孔明もこれに対して楽城・赤坂《せきはん》で魏軍を迎えうつことにした。しかしおりから三〇余日も長雨がつづき、戦線は展開しない。そのうちに魏国内では、王粛《おうしゅく》・華歆《かきん》らが南伐中止をとなえたので、曹真に帰国命令が出された。曹真は帰国後病死した。文帝の遺嘱を受けた四人のなかで、さきに曹休が呉の計略にあって敗死し、またここに曹真が蜀討伐に失敗して憤死し、仲達と陳羣の二人を残すだけとなった。仲達の魏国内における地位はじょじょに高められてゆく。しかしいっぽう、魏の国内には、明帝が禁止したにもかかわらず、いわゆる浮華の徒が、四聰・八達・三豫と称して、徒党を組んでいた。そのおもなものは諸葛誕（孔明の一族）・鄧《とう》颺《よう》・夏侯尚《かこうしょう》の子夏侯玄《げん》・中書監劉放《りゅうほう》の子劉熙《き》・中書令孫資《そんし》の子孫密《そんみつ》・吏部尚書衛臻《えいしん》の子衛烈《えいれつ》らである。高官の二世たちがおおく加わっていることが注目される。董昭《とうしょう》というものが末流の弊を攻撃する上疏《じょうそ》をしている。

「およそ天下をたもつものは、敦樸《とんぼく》忠信の士を貴び、深く虚偽不真の人を疾《にく》まないものはございません。その教えをこぼち治を乱し、俗を敗り化を傷つけるからでございます。最近の例をあげますなら、魏諷《ぎふう》が建安の末に誅に伏し、曹偉《そうい》が黄初の初めに斬刑に処せられました。私が思うに、前後の聖詔は深く浮偽をにくみ、邪党を破散しようとしました。ところが執法の吏は、みなその権勢におそれて、糾弾することができません。それで風俗をこわしてしまうことといよいよはなはだしいのです。ひそかに考えますに、現在の若いものは学問をすることをもととせず、もっぱら交遊をもって業《しごと》としております。国士は孝悌や身を清く脩《おさ》めることを首としないで、勢力あるものにおもむき、利に遊ぶのを先としています。党を合し羣《ぐん》をつらね、おたがいにほめあい、そしることを罰とし、ほめることを賞としている。自分に付するものは言葉をつくしてこれをほめ、自分に附さないものは、きずをつけます。

そしてこの世にこわいものはないなどと言っております。また奴客（地位の低いもの）をして禁中に出入させ、いろいろと内密のことを聞き出さすともきいております。およそこれらのことはみな法の禁ずるところ、刑の赦さぬところでありまして、あの魏諷や曹偉の罪もこれに加えるところがありません。」

と。この董昭の行なった浮華の徒を攻撃する言は、おそらく司馬仲達の考えとそうへだたりはないであろう。

❖孔明と仲達の対戦

二三一年（蜀の建興九）こんどは諸葛孔明が兵を出して祁山《きざん》を攻めた。かれが木牛・流馬という運搬具を発明して軍糧の補給が円滑にゆくようにしたのは、このときであるといわれている。蜀はそれまでもこの軍糧の補給につまずいて、戦線を有利に展開できなかったうらみがある。それは地形上の制約もあったが、李厳《りげん》が孔明の命令に服さなかったという、人為的な理由もある。

さて蜀の祁山出撃をきいて、魏では仲達が主力となって、張郃・郭淮らをひきいて応戦した。呉が動かぬと見たのであろうか。こうして孔明と仲達がはじめて戦場で相対したわけである。孔明は王平をして張郃に当たらせ、自分はまず郭淮の軍を打ち破った。おりしも麦の収獲期にあたっていた。孔明はこの地方一帯の麦を全部刈り取らせた。目のまえで自国の領土の麦を刈り取られながら、なお仲達は動こうとしない。そこで孔明はわざと軍を引いた。すると仲達もこれにさそわれたように軍を動かし鹵《ろ》城（甘粛省天水県と甘谷県の中間）までいったが、ここで進軍をやめてしまった。張郃はそんな仲達をはがゆく思い、

「公は蜀をまるで虎のように恐れておられる。そんなことでどうしますか。天下の笑いものとなってしまいました。」

と意見した。仲達はやむなく、張郃に蜀の一支隊を追わせ、自らは中央から孔明の軍に迫っていった。孔明は待っていましたとばかり応戦し、さんざんにこれを打ち破り、多数の戦利品を獲得した。しかしようやく雨季にはいり、糧食の補給もつづかなくなったので退却した。仲達はこれを聞くと、張郃に追撃を命じた。張郃はこんどは、「いまここで孔明を追うのは兵法に反する」と諫めたが、仲達はきき入れなかった。どうもこの二人はここにきて意見がすっかりくいちがってしまった。張郃はやむなく蜀の軍を追って木門（甘粛省天水）に至ったが、ここで伏兵に会い膝を射られ、それがもとで死んだ。

❖李厳の失脚

この戦いは決定的な勝利にはならなかったが、蜀としてはそう悪い結果ではなかった。しかし食糧の補給がうまくないという欠点はいぜん是正されていない。

しかも李厳の孔明に対する非協力はよりはげしくなり、それがまえにも言ったように、食糧の補給に影響していたのである。しかも李厳はその失策を自分の部下のせいにし、また北伐不成功の原因は糧食補給の成・不成にはないことを、後主に強調したりして、責任のがれの態度をとりつづけた。

ここにおいて孔明は、李厳のまえに証拠の書類をつきつけて、その罪をなじり、後主に上奏して、厳の身分を平民におとして、梓潼《しとう》に流刑に処した。かつて劉備からともに後事を託された間だけに、かれの心情は苦しかったに違いない。後主への上奏文はつぎのようである。

「先帝が崩じられてからのち、李厳（厳は名を平と改めていたが、ここでは厳で通す）は家を治めることを小恵となし、身を安んじ名を求め、国を憂うる心はありませんでした。私が北出するにあたって、厳の兵を得て、もって漢中に鎮せしめようと思っておりましたが、厳は言を左右にし、来る意志がありませんでした。しかも五郡をもって巴州となし、巴州の刺史となることを求めてきました。去年私が西征しようとし、李厳に漢中を監督することをつかさどらせようとしました。厳は司馬懿らが府を開いて辟召《へきしょう》をしていると言いました。私は厳のいやしい心を知っております。私の言うことを実行するにかこつけて、私にせまって利を取ろうとしたのです。それだから、厳の子の豊を上表して江州の督をつかさどらせました。かれの待遇をさかんにして、一時の役に立たせようとしたのです。李厳が漢中にきたとき、いろいろなことを、すべてかれにゆだねました。人々はみな、臣が厳を待遇することの厚いのを怪しみました。まさに、大事業はいまだ定まらないのに、漢室が傾きかけているので、厳の短所をせめるよりは、これを褒《ほ》めるにこしたことはないと思ったからでございます。それだからかれの心は栄誉と利禄にあるだけであると思っていましたのに、思わぬことには、厳の心はこのように顛倒し、もしこのままほっておけば大きな禍《わざわい》をひきおこすところでございました。これは臣の不敏であったところ、いえばそれだけ私の咎を増すというものです。」

劉巌の流刑につづいて、魏延と劉琰の不和が極点に達した。劉琰が第一線から退いて成都に帰った。こうして、それでなくても乏しい蜀の人材が、つぎつぎに失われていった。孔明は隆中時代の友人徐庶《じょしょ》・石韜《せきとう》が魏に仕えて、御史中丞・典農校尉にしかのぼっていないと聞き、

「魏はとくに人材が多いのか。なんとかれら二人の用いられていないことよ。」

と、蜀の人材の不足と思い合わせてなげいたという。

北伐は三たび成功せず、孔明は二三二年、二三三年の両年を軍需の補充と、兵士の訓練の時にあてた。

V

孔明の死と仲達の栄達

五丈原

❖背水の陣

二三四年、孔明は四たび漢中に兵を出した。一一万の軍隊は斜谷《やこく》から渭水《いすい》の南岸武功《ぶこう》に出陣した。

明帝は仲達にふたたび出動を命じた。蜀の軍が渭水の南岸に陣をしいているからには、河をはさんで北岸において、孔明の軍を待とうというのが、諸将たちの意見であった。しかし仲達はあえて渭水を渡り、兵法にいう背水の陣をしいた。そして諸将に語った。

「亮がもし勇者であったなら、武功に出て、山によって東するであろう。もし西に向かって五丈原《ごじょうげん》に上がれば、わが軍は安全である。」

孔明は急戦を避けて西に向かい五丈原に上がった。そしてここから渭水を渡って長安に向かおうというのである。司馬仲達は郭淮らを派遣してこれを防がせたので、戦いは長期化してき

蜀、魏、東西に対陣する

た。孔明はいつも軍糧が足りなくなって、北伐が失敗することを知っていたので、このたびは、ここに屯田を設けて自給を図った。

孔明はこのころに兄の瑾と呉の将歩《ほ》隲《ちつ》に手紙を出している。兄への手紙。

「私の子の瞻はいまようやく八歳。聡明でかわいい。私はこの子が早熟になるのをきらっている。将来かえって大器にならないでしょうから。」

これはまったく私的な手紙であるが、孔明は肉親に対して、こまやかな愛情を持った人であった。瑾の子の恪《かく》が孫権から、軍糧を扱う役に任ぜられたことがある。このとき孔明は陸遜に書を送って、つぎのように言っている。

「兄は年が老い、恪は性質が疏《そ》である。聞くにいま糧穀をつかさどらしめられると。糧穀は軍のもっとも重要なもの、私は遠くにおるけれども、心配でたまらない。あなたからとくに至尊（孫権）にお伝えください。」

五丈原にある孔明の廟

と。それはさておき、孔明が歩隲に与えた手紙には、

「私の前軍は五丈原にある。五丈原は武功の西一〇里にある。馬塚は武功の東一〇余里のところにある。地勢が高く、攻めるのに不便である。それだからとどまっているだけだ。」

と、戦況の説明を書き送っている。

❖明帝、呉を討つ

五月、呉が兵を動かして、合肥《ごうひ》新城を攻めた。すなわち陸遜が江夏に、諸葛瑾が夏口に、孫韶は広陵に、張承は淮陽にと出撃した。そして孫権自身も参加している。孔明が武功で魏と戦っている。明帝はよもや出てこないであろう。孫権はこのように考えていた。魏の守将満寵《まんちょう》がよく戦い、さらによもや出てこまいと考えていた明帝自身が、七月水軍をひきいて出馬してきた。そのために部分的には呉のほうにも勝ち戦はあったが、結局は退却した。このとき魏の

臣下たちは明帝にむかい、

「大将軍司馬懿が、まさに諸葛亮と対峙して、まだ解決がついていない。このまま西に向かって長安に行幸されればよい。」

と言ったところ、明帝は、

「孫権が逃げたので、亮の胆は破れたことであろう。大将軍がこれを制してくれる。わたしには心配もない。」

と言って、そのまま寿春に向かい、ついで許に帰った。

❖孔明と仲達の対決

孔明はそのころより病床につくことがおおくなった。それでなんとか生きている間に魏を討たねばならないと思い、しばしば仲達に戦いを挑むが、仲達は固く守って動こうとしない。あるとき孔明は仲達に巾幗《きんかく》（ベール、女性がかぶる）と婦人の飾を贈った。仲達がすこしも動かずに戦いを挑まないので、おまえさんは女みたいだというのである。これには仲達も、おおいに怒った。さっそく明帝に決戦を許されんことを請《こ》うた。しかし帝はこれを許さない。しかも万一をおそれたのか、明帝は骨鯁《こっこう》の臣辛毗《しんぴ》を派遣し、軍師となしてこれを制せしめた。その後も孔明は再三挑戦して来た。孔明は軍の先頭に立って戦うときには、白木づくりの輿《こし》にのり、葛《かつら》でつくった巾《きん》をかぶり、軍扇を手にして三軍を指揮する。仲達はこれを見て「諸葛君は名士というべきだ。」と嘆じている。

さて再三の挑戦に、仲達が応戦しようとすると、辛毗は明帝から賜わった節《せつ》を杖にして軍門に立つので、仲達も出撃を中止した。辛毗が魏の軍営にはいったのをきいて、姜維《きょうい》は孔明に言った。

「辛毗がやってきました。賊はもう二度と出ないでしょう。」

孔明はこれに答えて、

「かれはもともと戦う心がなかった。明帝に向かって是非ともと頼んだのは、武を人々に示すためだけのものであった。大将というものは戦場にあっては、君命も受けないものである。かりそめにも吾《われ》を制することができるなら、どうして千里も遠いところに上表して、戦いを請《こ》おうか。」

と言っている。そのころ仲達の弟の司馬孚《ふ》が手紙でもって、戦争のことをきいてきた。仲達はつぎのように返事を書いている。

「亮は志が大にして機を見ず、謀は多くして決断がすくない。兵を好んで権がない。たとい兵卒一〇万をひきいても、すでに吾の計略中におちいっている。これを打ち破るのは必ずである。」

❖孔明病む

孔明の病はしだいに重くなっていった。成都からは李福《りふく》が見舞いにやってきた。後主の意をうけて国家の大計を尋ねた。孔明はそれにいちいち意見をのべた。何日か滞在して福は帰っていった。ところが数日後に李福がふたたび引き返してきた。孔明は福に言った。

「私にはきみが還《かえ》ってくることがわかっていた。せんだってうちは、何日にもわたって話をしたが、意をつくさないところがあった。それでもう一度来たのだ。きみが問うところに対する答えは、蔣琰《しょうえん》（公琰《こうえん》）がよろしかろう。」

李福は、

「前日、じつはお聞きすることを忘れました。万一あなたがなくなられたのち、誰にまかせたらよいかをお聞きしたいばかりにかえってきました。どうか蔣琬ののち、誰にまかしたらよいかお教えください。」

「文偉（費禕）が継げばよい。」

李福はまたそのつぎを尋ねたが、孔明は答えなかった。

魏のほうでも孔明の病状は気になる。蜀の使者がある用事で仲達のところに来たとき、仲達は戦争のことを尋ねずに、孔明の寝食と、仕事の様子を尋ねた。その使者は答えた。

「諸葛公は朝早くおき、夜おそく寝、罰二〇以上はみな自分でご覧になる。だが食べる量は一日数升（一升は現在の一合）にいたらない。」

孔明は若いころから、事務のこまかいところまで、一人でやらねば気のすまない性質であった。かつて主簿の楊顒《ようぎょう》が、自分で帳簿を調べている孔明を諫めて言った。

「政治をするにはそれに応じた体というものがあります。上のものと下のものはたがいに相手の仕事をおかしてはなりません。あなたのために家政をもって例にしましょう。いまここに一人の人がおります。その人は奴に農耕を行なわせ、婢に炊事をやらせ、鶏にはときをつげさせ、犬にはどろぼうに吠えさせ、牛には重い荷を負わせ、馬には遠い所まで歩かせます。こうすれば家業にむだがなく、ほしいものはみなそろうし、枕を高くして飲食することができます。それなのに、にわかに自分自身でこれらの仕事をすべてしようとすれば、身も心もつかれはてて、しかも一つとして仕事は終わりません。どうしてその人の知が、奴婢や鶏狗に及ばないことがありましょうか。

家政の法をまちがえたからでございます。だから古人も『坐して道を論ず、これを王公といい、作《た》ちてこれを行なう、これを士大夫という』と称しております。だから漢の丞相丙《へい》吉《きつ》は道に死人が横たわっていることについては問いませんでしたが、牛が喘《あえ》いでいるのを心配しました。それは陰陽の不調和を案じたからです。陳平は銭穀の数を聞かれて知っているとは答えず、そのことには担当のものがおりますと言った。陳平はまことに君臣上下の体に達しておりました。いまあなたが政治をなさっているのを見ますと、自分で帳簿まで調べられておられる。一日中汗を流してお疲れになりませんか。」

上に立つものが率先してなにごとも実行するのはよいことではあろうが、それにも一定の限度がある。あまりこまかいところまで、上役のものにしてしまわれては、下の者はどうしようもなくなり、自分がはたして信頼されているのかどうかをも疑うようになる。上役にとっても仕事がふえるいっぽうで、疲労が増すというものであろう。また後継者も育ちにくい。

仲達は孔明の日常生活が忙しいわりには、その食の細いことをみぬいて言った。

「孔明はもうさきは長くないだろう。」

❖孔明死す

二三四年の八月末、孔明は五三歳の生涯を五丈原頭に終えた。

蜀軍は、孔明が生前に指示しておいたとおりに退いていった。しかし最初その死は発表されなかった。近くの住民は蜀軍の異動の多いことに不審をいだき、仲達のところにきて、

「蜀ではなにか異変があったようです。」

成都にある孔明の祠堂

と告げた。魏ではさっそく追撃の軍を出した。ところが蜀の殿《しんが》りをつとめた楊儀が、旗をひるがえし、鼓を鳴らしてこれを防ぎとめようとする姿勢を示したので、仲達はあえてそれ以上は追おうとしなかった。それで楊儀は軍を整えて引き退くことができた。

数日後、仲達は孔明の陣をめぐり、かれののこした事業を観察した。そして帳簿や食糧の類を数多く押収した。それで仲達は孔明が必ず死んだに違いないことを知った。そして、

「彼は天下の奇才である。」

と評した。そのとき辛毗は孔明が死んだかどうかまだわからないと考えたが、仲達は言った。

「軍人が重んずるのは、軍事についての秘密の書類や、兵馬糧穀であります。孔明はこれらをみなすてております。人はどうして五臓をすててなお生きることができましょうか。」

と。ここにおいて急に蜀軍を追わせた。

ときどき人々が、魏軍のこのまのぬけた追撃ぶりを、

「死んだ孔明が、生きている仲達を走らせた。」

とはやすと、仲達はこれをきいて笑って答えた。

「自分は生を料《はか》ることはできるが、死を料ることはできないからな。」

孔明の遺骸は定軍山《ていぐんざん》（陝西省沔県東南）に葬られた。かれの遺言によったからである。成都にも孔明を祭った廟「丞相祠堂」がある。

実力者、仲達

❖呉の南方進出

孔明が死んだあと、もはや蜀は大規模な軍をおこすことはしなかった。孔明のような偉大な指導者が出ず、内部ではいたずらに対立抗争がつづき、内政にせいいっぱいという状態であった。そしてまた孔明がもっともおそれていた偏安——かたよった地にいて、おちついている——の気分がしだいゆきわたっていったのではないだろうか。孔明が死に、蜀には漢の復興などということを、人々につよく訴えるものはなくなったし、蜀の人にとっても漢王朝はじょじょに遠い存在となりつつあった。

魏と蜀とのあいだに、それほど大きな衝突がなくなると、魏と呉のあいだにもまた両国が大々的にぶつかりあうこともなくなった。もともと呉は中国を統一するなどという国是をもたず、つねに現実主義的な動きをする。

二二六年に士燮《ししょう》が死んだあと、呉は交州（インドシナ半島の北）に直接支配権を及ぼしたが、孫権は二二八年ごろ、朱応《しゅおう》・康泰《こうたい》らを扶南《ふなん》（カンボジア）につかわした。ちょうどそのころインドからクシャン王の使者も来ており、康泰はかれとも面会している。朱応は『扶南異物志《ふなんいぶつし》』、康泰は『呉時外国伝《ごじがいこくでん》』を書き残している。

呉が国内の山越や蛮夷に対して積極策をとり、その平定につとめたのは、ちょうど孔明が死んだころから始まる。なかでも山越討伐に力をつくしたのは諸葛恪であった。叔父孔明が死んだ二三四年の八月（呉の嘉禾三）孫権から丹陽太守に任ぜられて、かれは二三七年の六月までの三年間、堅壁清野（城壁を固くして攻めにくくし、原野を清くして食糧を拾えないようにする）の法をとって山越の反乱をおさえたのである。

❖仲達は社稷の臣か

魏でも遼東半島の公孫氏の処置が問題になってくる。司馬懿はのちにのべるように、公孫氏との戦いにも大きな功績を残すのであるが、司馬氏は大将軍として、魏の実力者の筆頭になった。文帝が死に当たって後事を託した四人のうち、曹真・曹休は死に、陳羣も二三六年には没する。それだけに司馬懿に対する風当たりもつよくなってきたといわざるをえない。陳矯《ちんきょう》という人が、明帝から、

「司馬公は忠貞・社稷の臣ということができるか。」

と問われたとき、

「朝廷の望であることはたしかですが、社稷の臣であるかどうかはまだわかりません。」

と答えているし、また杜恕《とじょ》は上奏文のなかで、

「ちかごろ司隷校尉の孔羡《こうせん》が、大将軍司馬懿の狂悖《きょうはい》（気ちがいじみた）の弟（司馬通のこと。一説には通の子司馬順）を司隷従事に辟召《へきしょう》しました（辟召とは官吏任用の一つで、長官が部下になるものを自分で選任すること）。役人たちは黙っていました。これは大将軍がそうしてほしいと思っていると察してしたことで、直接頼みをうけてするよりなお悪うございます。官吏の登用が原則どおりに行なわれないということは、人事の重大なことであります。」

と非難している。司馬仲達の第五番めの弟が司隷従事になったことは、仲達の本心であったかどうかはわからないが、司馬懿に喜ばれようと考えるものがいっぽうにあり、また逆にそういうことをするものを、にがにがしく思って見ている人も他方にはあるわけで、魏の国内には、実力者仲達をめぐって、しだいにいくつかの流れができてゆく。曹氏のなかにすら、この司馬氏の力を無視できず、これに頼ってゆこうとするものも出てくるのである。そのほか明帝の時代に仲達らによっておさえられた、いわゆる浮華の徒と呼ばれるグループもある。

❖仲達、公孫氏を討つ

それはしばらくおくとして、司馬仲達は二三八年（魏の景初二）、公孫氏との戦いに出発した。明帝は、

「このことは、あなたを労するまでもないことだが、必ず勝ちたいと思っているので、あなたをわずらわすのだ。」

と言い、戦争の見通しについて尋ねている。魏の国内には、おおくの軍を出し、それに要する費用も莫大となるから、はたしてその出費にたえうるかを心配するものもあった。明帝は、

「四〇〇〇里の遠くまで征伐に行くとなれば、奇策を用うることもあろうが、結局は力の争いとなろう。軍費のことは計算することはできまい。」

と言い、仲達にたずねた。

「公孫淵はどんな計略であなたを待ちうけようとするだろうか。」

仲達は答えた。

「公孫淵にとっては、城をすてて逃げるのが上計であります。（これはゲリラ戦にもちこむことになる）遼水をよりどころにして、大軍を防ぐのは次計です。坐して襄平（遼寧省遼陽）を守っていれば、擒《とりこ》になるだけです。」

「いったいどういう計略をとるだろう。」

「ただ智に明らかなものだけが、深いはかりごとをすることができます。かれにはあらかじめすてられるものがありますが、すてるということはあの男にはできるところではありません。いまわが軍が遠くに攻めていき、持久することができまいと思い、きっとまず遼水でふせぎ、のちに襄平を守るでしょう。これはかれにとっては中下の計であります。」

「ゆきかえりにどれくらいかかるか。」

「往きに一〇〇日、帰りに一〇〇日、攻めるのに一〇〇日、六〇日を休息としますから、一年で十分です。」

公孫淵は呉に救いを求めた。孫権はこれを断わりはしなかったが、使者に向かって、

「どうかあとのたよりを待ってほしい、おまえの申し出の手紙に従おう。」

と答えただけであった。またべつに、

「司馬懿の向かうところあたるものがないときいている。おまえのためにふかくこれを心配している。」

とも言っている。魏のほうでも、呉と公孫氏の連合がなりたつかどうか、明帝もこれを心配した。蔣済に向かって尋ねている。

「孫権はそもそも遼東を救うだろうか。」

「呉はわがほうの備えがすでに固く、利を得ることができないのを知っています。深みにはまれば、力の及ばないところがありますし、浅い関係にとどめおこうとすれば、力を労するだけで利をうることとすくのうございます。いったい孫権というのは、自分の肉親が危機におちいっても、動かないような男です。まして異域の人の場合、いうまでもありません。ただもし事がすみやかに決しない場合、権はあるいは軽兵をもっておそうことも考えられましょう。」

❖公孫氏ほろぶ

司馬仲達は歩騎四万の兵をひきいて、都洛陽の西明門を出発した。仲達は弟司馬孚《ふ》、子の司馬師に見送るよう命じた。洛陽の東北に故郷の温《おん》がある。仲達はこの地に立ち寄り、郡の太守や典農官を集め、父老（土地の年よりたち）や故旧を会して、穀帛牛酒を賜わり、何日にもわたって宴会をもよおした。典農は曹操が民屯を開いたときに、それを管理するためにおいた官職である。温県には民屯が開かれていたのである。仲達は感慨にふけり、歌をつくった。

「天地開闢《かいびゃく》　日月重光　遭遇際会　畢力遐方　将埽羣穢《ぐんお》　還過故郷　粛清万里　総斉八荒
告成帰老　待罪舞陽

（天地が開け日月は光を重ねるごとく魏は漢に代わって天下を治めることとなった。私は立派な君主に出会う機会にぶつかり、力を遠い地方のことにつくし、まさに群がる穢《けがれ》の公孫氏をうち掃《はら》い、また、故郷に立ちよろう。万里の遠くまで粛清し、八方の遠い地をすべて一つにし、事業の完成を報告し、官職を引退したい。そしてこの舞（武）陽で罪を待とう。）」

仲達は本心からこの遠征を最後に、政界からの引退を考えていたのだろうか。思えばかれも呉との戦い、孔明との対決と戦場に日をすごすことがおおかった。

仲達は孤竹から碣《けつ》石を越えて遼水の上《ほとり》に進んだ。公孫淵は仲達が予測したように、この遼水に防衛線をきずいていた。仲達は公孫氏が全勢力を注いで遼水を守っていることを見抜くと、一軍をもって遼水の敵を牽制して、仲達自身はいっきょに、公孫氏の都襄平を襲った。そして八月、公孫淵およびその部下で一五歳以上の男子七〇〇〇人あまりを斬り、戦いは終わりを告げた。その結果、公孫氏の勢力下にはいっていた遼東地方や、朝鮮半島の北（帯方《たいほう》・楽浪《らくろう》・玄《げん》菟《と》の諸郡）にまで魏の領土は広がった。

さて公孫氏が倒れることにより、東アジアの国際関係には変動が生じた。高句麗《こうくり》、馬韓《ばかん》・弁《べん》韓・辰《しん》韓、倭《わ》などが魏と直接交渉をもつようになる。倭の女王卑弥呼が難升米《なしめ》を遣して魏に通交を求めてきたのは二三九年のことであった。魏では卑弥呼を親魏倭王になすとともに、金印紫綬を与え、絳地交竜錦五匹・絳地縐粟罽《すうぞくけい》一〇張・蒨絳《せんこう》五〇匹・紺青五〇匹を賜うとともに、卑弥呼には紺地句文錦三匹・細班華罽五張・白絹五十匹・金八両・五尺刀二口・銅鏡一〇〇枚・真珠・鉛丹各五〇斤を下しているのは、公孫氏の滅亡によって生じた国際関係の変化に対応したためであろう。

❖燕王宇の失脚

明帝は仲達の勝利を聞くと、使者を遣わしてその軍をねぎらい、また仲達に昆陽など二県を増封した。ついで関中に帰り鎮するよう命じた。

しかしこのとき、明帝は病にふしていた。魏の宮廷では、明帝死後の体制について、いろいろと暗躍があった。仲達は襄平においてある晩夢をみた。それは明帝が仲達の膝に枕し、わしの面を視《み》よという。仲達か明帝の面を視ると、いつもと異なっているというのである。かれはこの夢をみて、暗い予感をいだいた。

さて明帝には子どもがなかった。それで曹芳と曹詢の二人を養子にしていたが、かれらがどんな関係から、養子になったのかよくわからない。魏志には、

「宮廷の事秘なれば、その由来するところを知るものあるなし。」

と記している。明帝の死後は曹芳が即位するが、即位前に斉王に封じられていたので、斉王芳と呼ばれ、また、のちにのべるように、廃位させられたので廃帝ともいわれる。本書では、斉王（芳）で話していく。

明帝は斉王がまだ七歳であるので、これを輔佐する人物がほしかった。そこで若いときから兄弟のようにいっしょに育ってきた燕《えん》王の曹宇《そうう》を大将軍に任じ、領軍将軍夏侯献《かこうけん》、武衛将軍曹爽《そう》、屯騎校尉曹肇《そうちょう》、驍騎《ぎょうき》将軍秦朗《しんろう》らとともに、後事をゆだねようとした。秦朗は姓こそちがえ、母親がかれを連れて曹操の邸にはいったので、曹操の子ども同様に育てられた。こうしてみると、曹氏一門で中央政治を固めようというのである。燕王は武帝曹操の子で、象の重さを計る方法を考えた曹沖の同母弟である。性質も恭良であった。

いっぽう明帝に寵愛をうけていたものに、中書監劉放《りゅうほう》・中書令孫資《そんし》というものがいた。劉放はその姓が示すように、もともと漢の王室の子孫であったが、二〇五年（建安一〇）のころより曹操に仕えていた。孫資は太原の人である。そもそもこの中書という役所は、魏では秘書と呼ばれていたものであったが、天子の側近にあって文字どおり秘書のような役を果たしていた。これがだんだんと成長して、唐の三省の一つの中書省になるわけである。ついでに言うと、他の二省、門下・尚書も同じことで、もとは皇帝の秘書のような役目から出発している。後世になっても、明代の内閣、清の軍機処など、行政の中心になる機関は、いずれも皇帝の秘書の役割に源流が求められる。

さて明帝のかたわらにあって勢威をふるっていた孫資・劉放らは、恭謙な燕王が新帝を輔佐することにより、自分たちの地位が脅かされるような不安にかられた。また夏侯献・曹肇の二人が、かねてより自分たちに不平の心を持っていることを感じていた。殿中に鶏棲樹《けいせい》があった。献と肇は樹下で語りあった。

「この樹に鶏が巣をつくってから、ずいぶん長い時間がたった。だがあとどれほどの生命であろうか。」

劉放らは相談をして、まず皇帝と燕王との間をさこうとした。おりから燕王はいちおう礼儀として、摂政の地位を断わっていた。明帝は、病床から問うた。

「燕王はほんとうに辞退するようなことを言っているのか。」

「燕王はまことに、みずから大任にたえざることを知っていられるからだけです。」

と、自分たちが工作しているのではないことを、暗に弁護している。そこで帝は問うた。

「だれにまかすことができよう。」

❖仲達と曹爽

放と資は曹爽を推選した。

曹爽は曹真の子である。かつて曹真は明帝が即位するにあたり、文帝からその輔佐を託された四人のなかの一人であった。こんどはその子が明帝から新帝を付託されることになった。しかし曹爽がはたしてその大任に堪えられるであろうか。放と資は、

「司馬懿にも詔勅を出して、曹爽を輔佐させたがよろしい。」と言っている。司馬懿を関中におもむかせようとしたのは燕王であった。しかし孫資らはかれを洛陽に呼び出し、政治の中心にすえようとするのである。仲達はいまや文字どおり魏の長老であったから、かれが新帝をたすけるのは当然といえば当然といえよう。しかし曹爽と仲達とが一致してゆけるかどうか疑問である。あるいは両者を対立させておいて、孫資らが実権をにぎってゆこうとするのであろうか。晋代にでき現在に残っている書は、司馬氏の立場を擁護し、司馬氏と対立した曹爽一派を高く評価しないので、その真相はわからないが、『世語』には、つぎのように記す。

「明帝は言った。『曹爽はそのような大事にたえてゆけるかどうか』と。曹爽は帝の側にあって汗を流し、こたえることができなかった。劉放は爽の足をふみ、耳もとでささやいた。『臣は死をもって社稷に奉ぜむとおっしゃい。』と。」

そして『漢晋春秋』には、

「劉放と孫資が出ていったあと、曹肇がはいってきて、泣いて固く諫めた。明帝は曹爽・仲達を用いることをやめるむねの勅を、肇に出させた。肇が出たあとまた放と資がはいってきて、帝に思い止まるようすすめた。帝はまた放と資の言に従った。劉放が言った。『手ずから詔勅をつくられい』と。帝は答えた。『自分は病があつくてできない』と。放はそこでベッドの上にのぼり、帝の手をとって詔勅を作らせた。そしてこれをもち出して、大言した。『詔勅がある。燕王宇らの官を免じて、宮中に停《とど》まることはできない』と。ここにおいて、曹宇、曹肇、夏侯献、秦朗らは、たがいに泣きながら、邸に帰った。」

孫資・劉放らの無血クーデタは成功した。帝は曹爽を大将軍となし、孫礼を大将軍長史に任じて、かれを輔佐させた。孫礼も燕王宇と同じように「亮直不撓《りょうちょくふとう》」（心が明らかで正しく困難に負けない）の人物とされている。それでやがて爽からけむたがられ、揚州の刺史に遷されてしまった。

❖仲達の上京

さてこちらは司馬仲達である。関中に鎮せよとの命をうけて、白屋に至ったとき、洛陽に帰れとの詔をうけとった。その後も三日の間に五回も詔勅がやってくるありさまである。そのなかには例の自筆の詔もある。この詔を持ってきたのは辟邪《へきや》という人物であった。詔勅の文はつぎのごとくである。

「このごろ息をひそめてあなたの到着を待っている。もしきたならば、門をおしひらいてはいってきて、わが面を視《み》よ。」

仲達は洛陽において、何か変事がおこったに違いないと思った。かたがた夢のことも思い出される。白屋から洛陽まで四〇〇余里、昼夜兼行し、二日めには京師洛陽に到着した。ただちに嘉福殿《かふく》にはいり、病床の明帝に会うと、明帝は仲達の手をとり、

「自分の病は非常に重い。あとのことをきみにたのみたい。きみはそれ曹爽と少子を輔けてくれ、私はきみに会うことができてもう恨むことはない。」

と。その日のうちに帝は崩じた。ところが『魏略』という本は、明帝と司馬仲達との再会を、

「帝は仲達が遠くから帰って来たことをねぎらいおわると、斉王・秦王の二人を召し出して、仲達に示した。そしてべつに斉王を指さして仲達に言った。『これ、これなり（これがあととりだ）あなたはこれをじっとみてまちがえてはいけない。』と。また斉王をしてまえに出させて、仲達のくびをいだかせた。」

と記している。そして『魏氏春秋』には、

「時に太子芳（斉王）は年七歳、秦王は八歳。帝のお側にいた。帝は仲達の手をとり、太子に目をやって言った。『死も忍ぶことができる、自分は死を忍んできみを待っておった。きみ、それ爽とこれを輔《たす》けよ』と。仲達曰《いわ》く『陛下は先帝が臣に属するに陛下をもってせられしことを見たまわざるか』と。」

と見える。『魏略』『魏氏春秋』ともに、その叙述は芝居がかりであり、それだけに信用できにくい面を持つが、『晋書』の武帝本紀には、『魏氏春秋』の記述とほぼ同じ内容が記されている。

『晋書』に小説的な記事がおおいとされるゆえんである。

こうして司馬懿は明帝と斉王芳の二代にわたって、輔佐役をすることになった。司馬懿の肩書きは「侍《じ》中《ちゅう》持《じ》節《せつ》都《と》督《とく》中《ちゅう》外《がい》諸《しょ》軍《ぐん》録《ろく》尚《しょう》書《しょ》事《じ》」であり、曹爽とともにおのおの兵三〇〇〇人を統《す》べて、ともに朝政をとり、かわるがわる殿中に当直した。曹爽も「大将軍加侍中都督中外諸軍事録尚書事」であり、剣履上殿、入朝不趨、賛拝不名の特権を賜わった。

❖仲達、太傅となる

幼帝をなかにして、一人は老いた重臣、一人は若い同族が、先帝の遺託をうけて政治を取る。老巧と若さ、異姓と同族が、互いにその長をもって短を補えば、うまくいくであろう。この体制ができあがった当初においては、曹爽は仲達が自分より年もとっており、徳も高く、名声も重いこととて、自分を一段低くおき、これに父事して、独断専行をしなかった。仲達のほうも曹爽が曹氏の一族であるから、この人物を立てようとつとめ、当時の人は二人がおのおの相手を尊重していることを称していた。しかし両雄並びたたずという言葉もある。仲達と曹爽の間は急速に疎隔していった。それは自然の勢いともいえるが、じつはいわゆる「浮華の徒」と呼ばれるグループが、そこに介在していたのである。

曹爽が老荘の思想にとくに興味を持っていたのかどうか、これを直接語る材料は何一つない。

しかし曹氏の一族が曹操いらい持っている文学・芸術などに対するすぐれた素質を、かれも受けついでいたであろうことは、十分に推測される。そして曹爽の生まれた年はこれを明らかにすることはできないが、かれは三世紀のはじめに、少年期・青年期をすごしたであろうから、時代の先端をいく思潮が、この若者のうえに、大きな影を落としたであろうとの想像は許されよう。もしそうだとすれば、「浮華の徒」のグループと爽との結びつきは容易であろう。あるいは明帝の在位中おさえられていた「浮華の徒」たちは、明帝の死によって、ふたたび自分たちに活躍の場が与えられることを期待したであろう。そのさい、司馬懿が自分たちに好意をもっていないことは明らかである。そうすれば若い曹爽に結びつくことを考えたであろう。いずれにせよ、何晏《かあん》・鄧颺《とうよう》・李勝《りしょう》・丁謐《ていひつ》・畢軌《ひっき》といった人物が曹爽と結びつき、曹爽もまたかれらをしきりに登用した。

ある日、丁謐がつぎのように言った。

「仲達は大志を有して、はなはだ民心を得ておる。心から信頼して、かれに政治をまかせてはいけない。」

と。仲達と爽の間にくさびをうちこんだ。それいらい爽は仲達を猜疑の眼で見るようになった。しかし仲達を完全に朝廷から退けることはできない。そこで仲達を大司馬にしようとした。しかし大司馬の官につくものが、その位につくと死んでしまうことがしきりにつづいたので、太傅にした。

大司馬といい、太傅といい、三公の一で、官位はいまの大臣にあたる九卿などより、一段と上であるが、いわば名誉職で実権はない。仲達はまたこのとき、入朝不趨、賛拝不名、剣履上殿の特権を賜わり、さらに嫁娶喪葬の費用もすべて国費によって賄うことも許され、長男の司馬師以下一族のものに官爵を加えることも命じられたが、仲達は一族への恩典は固辞して受けなかった。

仲達は異姓の身で、同族のものと争うのにはまだ十分な力をそなえていないことを知っていた。

このさいは、名目上の尊敬をうけることに応じた。かつて孔明から女の着物をおくられて辱しめをうけたときも、これを堪えたように、このたびもまた、かれは、すべてを堪え、時の流れにまかせたのである。

浮華の徒

これまで何回か浮華の徒という言葉を出し、具体的な人名をあげた。いったい浮華の徒と呼ばれる人々は、どのような性格、経歴をもった人なのであろうか。前節にあげた人人についてのみ簡単に紹介してみよう。

❖何晏

何晏は、後漢霊帝の皇后の兄にあたる何進の孫である。何晏の母は夫が早く死んだため、幼い晏（七歳といわれる）を連れて曹操の夫人となった。秦宜禄《しんぎろく》の子の阿蘇《あそ》（秦朗のこと）もまた母に連れられて曹操の家に養われていた。曹操は、自分の子も何晏らもわけへだてなく育てた。何晏はわがままいっぱいにふるまい、阿蘇のつつしみ深いのと対照的であった。

何晏はいつも太子（のちの文帝）と同じ服飾をしていたので、とくに太子からにくまれ、いつも名を呼ばれずに仮子と言われていた。かれは姿が美しく色白であった。明帝はかれがおしろいをつけているのかと疑い、真夏にあつい湯麪《とうへい》をたべさせた。晏はたべ終わると大汗をかいたので、朱衣で汗をぬぐった。色はいよいよさえた。という話が残されている。もっとも他の伝えもあり、それによると晏はいつもおしろいを手ばなさず、歩くときはたえず自分の影を見ながら歩いたという。

学問のほうでは、かれは儒学を学ぶいっぽう、老荘思想にも深い関心をもっていた。『老子』に注を書こうとしたが、友人で、かれよりずっと若い王弼《おうひつ》が注をしているのを見て、とても自分には及ばないとしてやめてしまった。いま『論語集解』という書が残っているが、これは何晏らが中心になって編纂《へんさん》されたもので、魏のころまでの『論語』に関する解釈が集められている。そのなかには何晏のほどこした解釈もあり、それは老荘思想にもとづいたものである。

何晏はまえにもいったように、曹操に養われて成長したが、やがて曹操の女を妻にした。しかし文帝とは子どものころ仲がよくなかったし、明帝は浮華の徒をきらっていたからであろうか、この二人が在位していたあいだ、官位のうえでは栄達しなかった。曹爽が権力をにぎるにおよび、晏は吏部尚書となって人事をつかさどり、自分たちの仲間のものを昇進させ、反対者はこれをしりぞけた。

❖王弼

何晏《かあん》によって登用された一人に王弼がいる。弼は山陽（山東省金郷県）の出身である。『三国志』の注に引かれた「博物記」によると、王弼の家は建安七子の王粲と同族ということになる。王粲の族兄に王凱《おうがい》というものがあり、荊州牧であった劉表の女と結婚し、王業が生まれた。王業が王弼の父である。王粲は幼いとき、蔡邕《さいよう》にかわいがられ、蔡邕の蔵書をもらった。その蔵書は王粲のむすこがある事件に連座して刑死したのち、王業に譲られていた。だから王弼は王粲の才能と蔵書をすべて受けついだといってよいであろう。幼いころから秀才のほまれ高く、儒家道家の説に関心をもち、文辞にもすぐれ、談論にもひいでていた。

王弼が『老子』の注を著したことは、何晏のところでのべたが、かれはまた『易《えき》』を老荘思想の立場から解釈して、注をつけている。そしてかれと何晏とが、「無」について行なった談論は、正始の音（正始は斉王芳の年号）として、後世から清談の古典とされる。このように学問・思想の面での王弼の存在は大きいが、かれが何晏に推せんされて尚書郎となったとき、曹爽は左右のものをしりぞけて話をした。しかしその話は道を論じたもので、時間がたっても他のほうには及んでいかなかった。爽は弼の態度をわらった。そして政治の実務は弼のにが手とするところであった。弼は二四九年（正始一〇）二四歳で死んだ。

❖李勝その他の人

鄧颺《とうよう》。南陽の人で後漢の開国の功臣鄧禹《とうう》の子孫である。若いころから名声は高かった。かれは貨を好み、賄賂《わいろ》をもらって、知人を高官につけてやったことがあった。それで「官をもって富に易《か》えるは鄧玄茂（玄茂は颺の字《あざな》）」とはやされた。何晏の人事が不公平であったのは、鄧颺がこのようにして推せんした人物を採用したのも一端の理由であったという。

李勝《りしょう》の父李休は、五斗米道の張魯に仕え、知略ありと評されていた。勝も若いときから京師に遊学し、曹爽らと交わっていた。明帝没後洛陽令をふりだしに、地方官を歴任したが、職に称《かな》わないことがなかったというから、よくその責任を果たしたものらしい。しかし李勝のところに来るもの、互いに党派を結んだと見える。

丁謐《ていひつ》。この人は本籍が沛《はい》である。沛の丁氏というのは名門であったらしく、曹植の側近であった丁儀《ていぎ》・丁廙《ていい》の兄弟も沛の人である。さて謐の父は丁斐《はい》というが、同郡の曹操に仕えた。操は丁氏が富裕なのでこれを愛した。斐もまた鄧颺と同じように貨を好んだ。あるとき呉との戦争に、斐も曹操に同行したが、自分の家のやせた牛を連れていってかってに官牛ととりかえてしまったというような逸話を残している。曹操は斐を評して、

「私に斐がいるのは、ちょうど人の家に盗狗がいるようなものだ。主人の家のものを盗み

もするが鼠盗を捕えてもくれる。小損はあっても、私の財布をいっぱいにしてくれる。」と言った。謐は若いころは人と交わらず、ひろく書物をみることにつとめた。人がらもおちついていて意志が強く、才略もあった。また父の風ありというから、理財の道にも明るかったのであろう。明帝はすでにかれを度支郎中（財政を扱う）に任じている。曹爽が実権をにぎると散騎常侍に抜擢し、さらに尚書に転じている。かれが曹爽政権の黒幕であったことは、司馬懿を太傅にまつりあげることをすすめたのが、ほかならぬ丁謐であったことからも察せられよう。それだけに反対派のにくしみを深く買っていた。

畢軌《ひっき》。父は建安年間（一九六〜二二〇）に典農校尉に任ぜられていた。かれもその才能をもって若いときから名声があった。明帝が皇太子であったとき、かれも東宮文学の一員であり、明帝在位中に并州の刺史に移るなど、比較的重く用いられていたし、軌の妻は公主（皇帝の一族の女）でもあった。曹爽の時代には司隷校尉《しれいこうい》（警視総監）に任ぜられていた。

❖名門の二世たち

浮華の徒のなかにはまえにものべたように、魏の名門の二世たちの名を見ることができる。その代表として夏侯玄《かこうげん》についてのべよう。夏侯玄は沛国譙の夏侯氏の一員である。夏侯氏は曹操の父曹嵩《すう》の実家でなかろうかということは、二八ページにのべたとおりである。

夏侯尚は文帝曹丕の親友であり、曹氏の女を正妻にしていた。かの女は曹爽の姑《おば》（父の姉妹を姑という）でもあった。しかし尚に愛妾があったことから、妾と妻の間にごたごたが生じ、文帝はとうとう妾を絞殺してしまった。それで尚と文帝の間に疎隔が生じた。玄は父の正妻の子として生まれた。文帝と尚との疎隔は、玄にとっては微妙なものであったろう。文帝の処置はかれの母にとっては好都合であったかもしれぬが、父にとっては非常な悲しみであったから。

さて玄は若いときから名を知られ、弱冠《じゃくかん》（二〇歳）にして、散騎黄門侍郎（天子のそばにはべる）に任ぜられた。これは名門の子弟であるために一般のものより好遇されたわけである。ところがあるとき、明帝の皇后毛氏の弟毛曽《そう》と、明帝に対する謁見の席上で、並んで坐ることになった。この毛氏というのは家柄が低く、なりあがりものとして、当時おおくの人の笑いものになっていた。夏侯玄は毛曽とならんで坐ったとき、あらわに恥じる色を示した。明帝も世間のものが、毛氏に対していだいている感情を知っていたに違いない。『世説新語』にたぶんこのときのことだろうが、つぎのような話をのせているのは、その一つの証拠であろう。

「魏の明帝は皇后の弟毛曽に、夏侯玄と並んで坐らせた。当時の人々は言った。『まるで蒹《よ》葭《し》（毛曽）が珊瑚樹（夏侯玄）にもたれているようだ』と。」

明帝もすこしは覚悟していたであろうが、こうはっきりと目のまえで見せつけられてはたまるまい。明帝は玄に恨みを持ち、かれを羽林監《うりんかん》（禁軍《きんぐん》一〇〇人をひきいる隊長）に左遷した。こうして明帝と玄とは、個人的に仲が悪くなった。また夏侯玄は才性（人間の後天的性質――才と、先天的性質――性）の論にたくみであり、清談の先駆者の一人であったから、この点からも、明帝の気にはいっていなかった。明帝死後、曹爽の姑子《いとこ》という関係もあって、散騎常侍中護軍にとかえりざき、おもく用いられた。このほか孔明とは同族にあたる諸葛誕も、浮華の徒の一人に数えられているし、司馬懿の子司馬師（晋の景帝）も、何晏・夏侯玄らと、辨思をもって名声と誉望をかちえていた。魏の貴族の子弟の間に浮華の気が流行していたのである。

❖浮華の徒と政治

これら浮華の徒のうち、夏侯玄・諸葛誕らは、何晏らと完全に同じグループに属していたのではなかったようである。では何晏らは、実際政治のうえでは、どのようなことをしたのであろうか。かれらは政治をもっぱらにし、洛陽や野王（河南省沁陽県）の典農部の桑田数百頃《けい》を分割して私財となし、自分の勢力をかさにきて、官物を窃取《せっしゅ》した。曹爽の飲食車服は皇帝のそれになぞらえ、天子の使用する器物を作る工場でできた珍しい品物はかれの家に充満していたし、妻妾は後庭にみちていた。また爽はかってに先帝明帝に仕えていた才人（女官）や楽人、良家の子女をうばって音楽隊と舞踊隊をつくり、何晏らを集めて大宴会をもよおした。

ここにのべたことが、はたして事実そのとおりであったのか、あるいは事実そうであったとしても、それが何晏・曹爽らだけが、とくべつそうであったのか、疑問である。かれらだけにこのような背徳と不信の汚名をきせられるものであろうか。

いったい『三国志』は陳寿が著した書物であるが、かれは晋代すなわち司馬氏が皇帝の位にあったときの人であり、いきおい司馬氏と対立した曹爽・何晏らに対しては、曲筆するところがあったようである。清朝の考証学者のなかには何晏らをもって魏の忠臣とする人があるが、それまでに考えなくとも、『三国志』の記事をもって、曹爽・何晏らの全貌をおしはかるのは、やはり危険なことであろう。

何晏が洛陽・野王の屯田を分割していたころ、洛陽典農中郎将に任ぜられていたのは司馬懿の子、司馬昭（晋の文帝）である。司馬昭と何晏との間には、おそらく屯田の経営をめぐって、対立があったにちがいない。あるいは司馬昭も屯田を私有地とすることをしていたかもしれない。曹操が屯田を許下に行なってから五〇年あまりたっており、屯田は各地において、私有化されていたであろうし、その運営も転換を迫られたであろう。何晏はもしかすれば、屯田制度の新しい運用を考えていたのかもしれない。屯田制については、これ以上に具体的な材料もないので、叙述することはさけるが、曹操によって定められた魏の制度が、屯田以外の他のものにおいても、変革をせまられていた。それを実行しようとして、保守派からにらまれた人々が、浮華の徒と呼ばれたのかもしれない。しかしこの浮華の徒と、あとにのべるようにはげしい権力闘争をして、実権をにぎった司馬氏自身、やはり魏の制度にはいろいろ変革を加えねばならなかったのである。

浮華の徒の節を終わるにあたり、このグループの一人、李勝が何南尹《かなんいん》（日本でいえば、東京都知事にあたる）となって行なった仕事の一つを紹介しておこう。李勝もまた従来の制度の変革を志していたことが想像される。

「河南尹は内は帝都をつかさどり、外は京畿を統《す》べる。その郡にはいろいろな地方のものが雑居し、豪門の大族、商賈《しょうこ》のためにやってくる異民族もおおい。世界じゅうの富が集まるところだが、同時に悪いことも生じる。まえに河南尹であった司馬芝《し》（仲達との関係は不明）は、統治するにあたり、要点だけをおさえて、簡略であった。つぎに来た劉靜《りゅうそう》は一つ一つこまかく、たいへん精密であった。そして李勝は常法をこわして、一時の名声をおさめた。」

クーデタ

❖仲達、屯田をおこす

司馬懿は太傅に推されたが、二四一年から二四三年（正始二～四）にかけて、呉との戦争に活躍している。

呉では明帝が没し、魏の国内に混乱が生じたのを知ると、二四一年（魏・正始二、呉・赤烏四）四月、兵を出して魏を攻めた。すなわち衛将軍の全琮《ぜんそう》は淮南を攻略し、芍陂《しゃくは》（安徽省寿県西南）を決潰させ、安城（河南省原武県）の倉庫を焼いた。威北将軍の諸葛恪は六安（安徽省六安）を攻め、車騎将軍朱然《しゅぜん》は樊《はん》（湖北省襄陽）を囲み、大将軍諸葛瑾は柤中（湖北省南漳）を攻めた。蜀もまた、大司馬蔣琬《しょうえん》が、漢水を下って魏の魏興《ぎこう》（陳西省安興）・上庸《じょうよう》（湖北省竹山）の二郡を攻めようとした。ただしこちらのほうは、琬の旧疾がおこって、実行にはうつされなかった。

魏も征東将軍王凌《おうりょう》、揚州の刺史孫礼らが、前線にあって呉の軍を打ち破ったが、仲達も自ら軍をひきいて急戦の策をとり、樊に出て呉軍を打ち破った。

「辺城が敵の攻撃をうけ、どうして廟堂に坐していられよう。国境で騒動がおこれば、人々の心はうたがいまどう。これは国家の大憂である。」

仲達がこのたびの戦いに反対した人々に送った言葉である。仲達はこの功により、万戸の増封にあずかり、子弟一一人が列侯になった。かれは、

「盛満は道家の忌《い》むところである。四時になお推移あるがごとし、われはなんの徳をもってこれに堪えん。これを損じまたこれを損じ、もって免るべきにちかからん。」

と、子弟をいましめている。そこには、かれ自身が言っているように、道家的な思想を見出すことができる。

呉では五月に皇太子が死んだ。これは呉に大きな不幸をもたらすことになる。そして閏《うるう》六月、孔明の兄諸葛瑾も死んだ。六四歳であった。

仲達は呉との戦争より帰ると鄧艾《とうがい》の意見をいれて、淮水の流域に屯田を開くことに尽力した。二四二年（正始三）には広漕渠《こうそうきょ》を穿《うが》って黄河の水を引いて汴《べん》に入れ、おおいに淮北に屯田を開いた。

翌年、洛陽津陽門を出て、舒《じょ》（安徽省舒城）にとどまり、皖（安徽省懐寧）に駐屯していた諸

葛恪をうったので、恪は貯えてあった物資を焼き、城を棄てて逃げだした。仲達はそこで淮陽・百尺の二渠を穿ち、諸陂を修めて潁水《えいすい》の南北に万余頃《けい》を開いた。ここにおいて寿陽（安徽省寿）より京師洛陽まで、農官・屯兵は連なった。仲達の淮南経営は成功し、いわばかれの勢力範囲におさめられたのである。

❖曹爽の専横

このように仲達が淮南において成功したのに刺激されたのか、鄧颺は爽をして威名を天に立てさせんとして、かれに蜀を伐《う》つことを勧めた。爽はただちにその話にのり、遠征の計画を立てた。仲達はこれに反対したが、爽はこれを押し切り、二四四年（正始五）三月、長安に至り、六、七万人を発して駱谷《らくこく》より蜀にはいった。夏侯玄は征西将軍仮節都督雍涼州諸軍事の肩書きで同行し、また司馬昭も征蜀将軍として夏侯玄を助けて従軍した。しかしこの遠征は失敗した。このころより仲達と曹爽との間の対立がはげしさをくわえる。

二四五年（正始六）には曹爽が軍制を改め、弟の曹義の軍隊を増強しようとした。仲達は先帝よりの旧制をこわしてはならないと反対したがきかれなかった。翌年には呉が柤中に出兵してきた。仲達はこれを救おうとしたが、爽はその意見に従わず、魏は柤中を失った。二四七年には曹爽一派は皇太后を永寧宮に遷《うつ》して、兄弟で禁兵をつかさどり、制度を改めたりした。仲達はこれをとどめることができず、ついに病と称して、政事に関与しなくなった。

❖仲達と李勝

二四八年（正始九）両者の対立ははげしさをくわえ、いずれか一方が、他方を倒さないではおかぬ状態になった。そして世のなかには仲達の疾篤《あつ》しとの報が広まっていた。たまたま河南尹李勝が出身地である荊州の刺史に任ぜられて赴任することになった。荊州は呉と境を接する重要地点である。

曹爽は李勝に仲達のところにいとまごいに行かせ、様子をうかがわせた。仲達は李勝に会った。李勝は、

「なんの功労もないのに恩をこうむり、本州（出身地・荊州のこと）の刺史になった。」

とのべた。そのとき仲達は二人の下女をはべらせて衣を持たせている。そして指を口のところまでもってきて、のどが渇いているからなにか飲みたいとうったえた。下女が粥《かゆ》をもってくると、仲達はいれものをもって粥を飲もうとする。しかし粥はみな口から流れ出して、胸にべったりとひっついてしまう。李勝はこれを見ているうちに、かわいそうになって、涙を出して言った。

「いま、主上はまだおさなく、天下のものはあなたさまに頼っている。しかるに人々はあ

なたの若いころの風疾がまたおこったと言っているが、おからだがこんなになっておられるとは思わなかった。」

仲達はゆっくりと、気息えんえんとして答えた。

「わたしは年老い、疾にたおれた。死はもう旦夕《たんせき》の間にある。あなたは并州にいかれる。并州は北方の異民族に近い。よくここをおさめてくれ。たぶんふたたびお会いできないだろう。」

「本州に還《かえ》ることをかたじけなくしました。并州ではございません。」

仲達はわざとわからぬふりをして、

「あなたは并州にいこうとしている。努力し自愛してほしい。」

「荊州をかたじけなくしました。并州ではございません。」

仲達はすこしわかりかけてきたようすで言った。

「私は年をとり心も荒れ、あなたの言うことがよくわからなかった。いま本州の刺史になられるという。功勲を建てられよ。いまきみと別れると、私の気力もだんだんとうすれているから、二度と会うこともないだろう。師と昭の兄弟をして、きみと結んで友人にさせよう。」

李勝は仲達家の訪問を終えて曹爽らに会見の模様を逐一報告し、仲達の病気はもう治らないだろうと話した。

以上の話は『魏末伝』という本に出ており、『晋書』もこの記事を採用している。これも例によって一〇〇パーセント信用はできない。小説じみているが、陳寿の『三国志』も、「李勝が荊州刺史となって、仲達を訪問した。仲達は疾が重いと称し、弱りきった様子を見せた。勝はさとることができず、これをほんとうにそうだと信じた。」と記しているから、仲達も李勝に会ったときには、かなり作為的な態度を取ったのであろう。

❖司馬氏立つ

こうして仲達の病が重いとのうわさが広まって二四八年（正始九）は暮れた。年があけると早々に、斉王は曹爽とその兄弟をひきつれて、明帝の陵、高平陵に参拝した。明帝が死んだのは正月であり、ちょうど満一〇年めである。仲達は中護軍司馬師、散騎常侍司馬昭の二人のむすこと相談し、このときクーデタをおこした。

高平陵は洛水の南、大石山にあり、洛陽から九〇里離れている。司馬氏一門は曹爽のために永寧宮に幽閉されていた皇太后に奏して、洛陽の諸城門を閉ざすことを求め、軍をひきいて武器庫を占領して武器をわたし、洛水の浮橋に駐屯させた。また魏《ぎ》帝に上奏して、曹爽らの罪悪を数えあげた。

「私がむかし遼東より帰りましたとき、先帝（明帝）は陛下と秦王と私に詔し、御床にのぼらせ、私の臂《ひじ》をとり、後事を頼むとおっしゃいました。私が高祖（曹操）太祖（曹丕）からもそれぞれにまた後事を頼むとおおせられたことがあります。このことは陛下（明帝）も見られたところでありますから、私はご心配なさることはありません、もし万一にも御意のごとくならないことがあれば、私は死んで詔《みことのり》を守るつもりですと答えました。このことは黄門令の董箕《とうき》ら、先帝の病床に侍《はべ》っていたものも聞き知っているところでございます。いま大将軍の曹爽は先帝の遺命にそむき、国家の法令・制度をやぶり、内はまるで皇帝をきどり、外は威権を専《もっぱ》らにしています。諸営を破壊し、羣官《ぐんかん》要職はみな自分らの親しいもの、殿中の宿衛はというと、歴代の旧人はみなまた排斥され、新人をおいて私党をたてようとしています。おたがいにぐるになり、わがままかっては、日にはなはだしさが加わっています。また黄門の張当《ちょうとう》を都監として、陛下の身辺を看察させ、陛下と皇太后の間を離間し、骨肉のものを傷つけ害《そこな》わせています。天下はびくびくして、みな危惧《きぐ》をいだいております。陛下もいつまでもご安泰というのでもありますまい。こうしたことは、先帝が陛下および臣に詔して、御床に升《のぼ》らせられた本意ではございません。私は年老いて役に立たなくなりましたが、どうしてまえに私の言ったことを忘れられましょう。むかし趙高《ちょうこう》はかってなことをして、秦は滅びました。呂《りょ》氏や霍《かく》氏は早く処分されたので、漢の御代は永くつづきました。これこそ陛下がおおいにかがみとされ、私が命を受けるべきときです。太尉蔣済《しょうさい》、尚書令司馬孚《ふ》（懿の弟）は曹爽をば君をなみするの心あるものとしております。あの兄弟に兵をつかさどらせ宿衛させてはいけないとし、永寧宮の皇太后に奏上し、私の奏上するように実行してもよいむねの勅をいただきました。私は爽ら兄弟の兵を罷《や》めさせ、侯の身分をもって第《やしき》におり、逗留《とうりゅう》して天子のお車をとどめることのないようにさせました。あえて逗留すれば軍法をもって処分いたします。私は疾をおして兵をひきい、洛水の浮橋に屯し、非常を伺察しております。」

自分に都合のよいことだけをのべているといえばそれまでだが、曹爽のほうにも言い分はあったろう。しかし、首都洛陽を占領し、武器庫をのっとったものはつよい。

❖司馬氏の勝利

曹爽は仲達のこの奏上を皇帝には見せなかった。しかしどうすればよいのかわからず、困りきっていた。とりあえず伊水の南に車駕《しゃが》をとどめ、木を切って鹿角《ろくかく》（逆茂木《さかもぎ》）をつくり、屯田兵数千人を発して陣をつくった。爽のもとには仲達の意をうけて、洛陽からは罪に服せと勧告する使者が絶えなかった。そこに桓範《かんはん》というものがやってきた。桓範はもともと曹爽の一味であり、クーデタがおこるや、皇太后の命といつわって平昌門を開かせ、剣戟《けんげき》を抜き取って爽の

もとにやってきた。仲達は桓範が洛陽をぬけだしたと知って、蔣済《しょうさい》に、

「知恵ぶくろがいった。」

と言うと、蔣済は、

「範は知者ですが、爽はきっと用いることができますまい。」

と答えた。はたして桓範は爽兄弟に、さかんに許昌に逃れて、仲達に対抗せんことを説いた。

その一節に、

「あなたの別営は洛陽城の南にあり、洛陽典農治は城外にあります。人々を呼び集めるのは意のままでありましょう。いま許昌にいくのには一昼夜にすぎません。許昌の別庫は武装をさせるに十分でありましょう。心配なのは食糧だけです。しかし大司農（農林大臣）の印章は私が身につけています。」

とある。曹爽は考えに考えたが、ついに桓範の策をうけ入れることができなかった。評定は真夜中からあけがたにおよび、曹爽は刀を地に投じ、つ

晋武帝司馬炎

いに仲達の上奏を皇帝にとりつぎ、自ら免職されんことを申し入れた。仲達の要求を受け入れたわけである。桓範は泣いて言った。

「曹子丹《そうしたん》（曹真）はよい人であったのに、おまえたち兄弟を生んだ。おまえらは豚や牛だ。おまえらに連坐して族滅させられようとは思ってもみなかった。」

仲達は曹爽兄弟とその党与である何晏《かあん》・丁謐《ていひつ》・鄧颺《とうよう》・畢軌《ひつき》・李勝《りしょう》・桓範《かんはん》らを捕えて、大逆不道の罪名で死刑に処し、あわせて三族をすべて誅滅した。じつに徹底的な粛清であった。蒋済が、

「曹真は功労のあった人、かれを祭らないわけにはいかない。」

と、そのあとを残さんことを言ったが、仲達はきき入れなかった。

こうして司馬氏の覇権は確立した。司馬氏がこのときにあたって、広く一般の人の支持を得たのには、州ごとに大中正をおいて、人事権をにぎったこともあずかって力があった。

仲達はクーデタの翌々年、二五一年（嘉平三）七月没した。七三歳であった。仲達が死ぬと長子司馬師が撫軍大将軍録尚書事として、父のあとをついだ。

二五四年（嘉平六）二月には夏侯玄が皇帝の側近中書令李豊《りほう》、皇后の父張緝《ちょうしゅう》らと組んで司馬師に対立して誅された。そしてこの事件と関係があるのであろうか、九月皇帝は廃され、高貴郷公の曹髦《ぼう》が即位した。その後も魏の国内には司馬氏の勢力をそごうとする動きがあり、とき

には魏の皇帝自身が武器をもって立ちあがるような事件もあったが、結局二六五年、魏の最後の皇帝陳留王《ちんりゅう》奐《かん》（燕王宇の子）は、司馬懿の孫、司馬炎《えん》（晋の武帝）に禅譲し、晋朝が開かれた。

❖孫権の死

仲達が死んだ翌年四月孫権が七一歳で没した。兄孫策のあとをうけて、孫氏の統領となったときから数えれば、五〇年あまり、呉の国に君臨していたことになる。しかし晩年の二〇年あまりは、好き嫌いによっての独断専行がおおく、女性におぼれて後継者も定まらず、国は下降線をたどっていった。

まえにも書いたように、皇太子孫登《そんとう》が父にさきだって没したのが、後継者をめぐる争いの発端になったのは、不運であった。孫登は幼少のころに諸葛恪、張休ら四友の輔導を得て成長し、のちに武昌に鎮するや名将陸遜がこれを助けた。孫登はよく猟にいったが、つねに良田を避け、苗をふまないようにし、休息するときも空閑の地を選び、民をわずらわさないようにした。一二歳のとき太子となり、二一年のあいだ皇太子の位にあったが即位することなく三三歳で没した。翌年弟の孫和が太子になった。一八歳である。母親を王夫人といい。孫権から寵愛を受けていた。幼いころから闞沢《かんたく》・薛綜《せっそう》らに傅育《ふいく》されていた。名流の士に皇子の教育を任ずるわけだが、なにしろ皇太子はつぎの皇帝になるだけに、それが一つの派閥を生み出す危険もある。

さて孫権は最初孫和を皇太子にしたが、弟の魯王覇《ろおうは》を寵愛するようになり、これを同じ宮殿におき、待遇も差別なくした。これに対し陸遜らが、「嫡庶の義理」をやぶるものとして非難したので、孫覇と孫和は別の建物におかれることになったが、ここに太子派と魯王派の二つに分かれて、党争が生じた。そしてついに党争のゆえに孫和は太子にあること八年にして、廃され、魯王は死を賜わり、これに連坐しておおくの名臣が失脚した。

かわって孫権の末子孫亮《りょう》が皇太子になった。孫亮は叔母《おば》の全公主からもかわいがられていた。孫和が皇太子を追われるにいたったのには、孫和の母と全公主の不和も原因の一つであったようで、女性が実家のことに口出しして、かえって混乱を招いた一例である。孫亮が太子になって二年後に孫権が死んで、亮が第二代の皇帝に即位した。諸葛恪が最初政治をたすけた。

呉が滅んだのは二八〇年、孫権死後二八年である。

むすび

豪族は漢一代をとおして発展してきた。いったい漢の政治体制は、原則としては土地・人民を兼併するものの存在を認めない。豪族は存在しえないはずのものであった。その豪族が漢一代をとおして発展してきたというのは、漢朝に内在していた矛盾の顕現である。そしてこの矛盾の激化によって、古代統一帝国は没落し、分裂の世がみちびきだされた。では豪族にとって、漢朝はいかなる存在であったのであろうか。かれらがそれぞれの地方において勢力をひろげてゆくについては、漢の朝廷の政治力に依存することがおおかった。そしてはやく王朝と結びついたものは貴族化した。いったん貴族化したものは、他のものが自分の地位を脅かすのを好まない。豪族は国家の規制を発展への足枷《あしかせ》とみ、そこからの脱出をはからなくてはならなくなったのである。統一を求める力と分離しようとする力、この力は同じ後漢にあっても、時期により、地域により、またかれらのおかれていた政治的地位により異なっていたことであろう。だが、後漢も末になると、分離しようとする力が、中国全地域において、大きくはたらくようになった。曹操・劉備・孫権らはいずれもこの豪族の存在を認め、その力を利用して国家を経営していかねばならなかった。

曹操はいちはやく、後漢の献帝を本拠地に迎え、漢朝の大臣として行動しつつ、法家思想をもって本文にもふれたとおり、屯田制・兵戸制・才能による人材登用などの政策をとった。これらはいずれも形を変えつつも、南北朝・隋・唐時代を通じて行なわれた。また思想・文学・美術など、いわゆる文化面においても、曹操とかれをとりまく人たちによって、新生面が開かれ、それは後世に継承された。曹操は以後約七〇〇年にわたる中国の、かりに名づければ〝中国の中世〟の基礎をきずいたものといえよう。司馬懿はこの曹操に仕え、そして曹操の子孫が内紛によって自壊してゆくのをただなりゆくままにまかせつつ、最後にクーデタをおこして、実権を奪った。晋は曹操の始めた諸制度を、より現実に適合させて改変しつつうけついだ。しかし曹操が宦官の子孫であり、また曹操・司馬懿ともに、後漢・魏といった、自分の仕えた王朝を、たとえ禅譲の美名のもとにとはいえ奪い取ったことは、かれらの政策とは別に、中国のおおくの人によってきらわれた。とくに大義名分論がやかましくなるとともに、非難されることがおおくなった。

劉備は、四〇〇年つづいた漢朝の余光をうまく活用した。曹操は献帝を擁立して実をとったのに対して、劉備は前漢景帝の子孫という名をとったのである。しかし劉備はその生涯の大部分を流遇に終わってしまった。これは、名というものは実力をともなわねばいかに無力なものであるかを示すといえよう。劉備はついに政策らしい政策を実行するにいたらなかった。劉備の建てた蜀漢を、備とその子の禅の二代にわたって輔佐したのは孔明であった。孔明も法家思想を重視するなど、曹操と似かよった面をもっている。しかし孔明は劉備なきあとも劉禅に仕え、李厳の勧めを押し切って、かりそめにも九錫の栄もうけず、蜀の国是を漢室復興の一点にしぼって活動したので、人々の感動を得、古今を通じて第一の忠誠人との評価を受けることになった。

孫権は揚子江下流の土豪の出である。父孫堅、兄孫策のもっていた武力と、孫権の政治的手腕によって、しだいに江南の諸豪族を支配下におさめて、独立政権をつくった。孫氏には劉備のような〝劉氏の子孫〟という名目もなかったし、曹操のように〝漢帝を擁立している〟という実質もなかった。ただ、孫堅が洛陽にはいって、宮中の井戸のなかから〝伝国の璽〟を得たという話を伝えるだけである。漢朝の象徴である〝伝国の璽〟を孫氏が手に入れたということを宣伝するのは、これまた実質的にはほとんど消滅した漢朝の権威が、なお人々には微妙な影を落としていることのまさに象徴になるであろう。

孫権によって成立した呉は、土着の豪族が土着の人を首領にして国家をつくりあげたということにおいて、画期的な事業であるとともに、いわゆる六朝の先駆をなすものとして、その存在意義は大きい。とくに南朝四王朝が武人が貴族の援助を得て建国し、しかも実質的には一朝一代の観を呈するのと、呉がこれも孫権一代にてその最盛期を終えたことと、同一のパターンを有することも指摘できる。この歴史展開の類似性がどこから生ずるのか、なお今後の課題であろう。

以上、本書は統一帝国の崩壊期から、分裂時代の確定にいたるまで約一〇〇年間を、その間に活躍した人々の足跡を追いつつ、叙述したものである。

年譜

西暦	年号	諸葛孔明年譜	年齢	司馬仲達年譜	年齢	関連事項
一五五	（永寿元）					曹操生まる
一五六	（〃　二）					孫堅生まる
一五九	（延熹　二）					外戚梁冀自殺　宦官勢威を振るう
一六一	（〃　四）					劉備生まる
一六六	（〃　九）					党錮の獄（第一次）　大秦王安敦の使者来る
一六七	（永康元）					桓帝崩じ、霊帝即位す
一六九	（建寧　二）					党錮の獄（第二次）
一七一	（〃　四）			兄、司馬朗生まる		
一七二	（熹平元）					孫堅、銭塘にて海賊を破る
一七三	（〃　二）					魯粛生まる
一七四	（〃　三）	兄、諸葛瑾生まる				
一七五	（〃　四）					孫策生まる　熹平石経を洛陽に立てる　曹操孝廉に挙げらる　周瑜生まる
一七八	（光和元）					呂蒙生まる　西邸を開いて売官を行なう
一七九	（〃　二）			仲達生まる		
一八〇	（〃　三）				1	

一八一	（〃 四）	孔明生まる			2	後漢献帝生まる、このころ宮廷内での淫楽はなはだし
一八二	（〃 五）		1		3	孫権生まる
一八三	（〃 六）		2		4	
一八四	（中平元）		3		5	黄巾の乱起こる　天下の党人を赦す　皇甫嵩張角を斬る　陸遜生まる
一八五	（〃 二）		4		6	黒山賊起こる　宦官張譲ら一三人列侯となる
一八六	（〃 三）		5		7	
一八七	（〃 四）		6		8	曹丕生まる　長沙太守孫堅桂陽の賊をうつ
一八八	（〃 五）		7		9	白派賊起こる　太尉曹嵩罷む　何進西園に八校尉を置く。曹操・袁紹・袁術らこれに任ぜらる　刺史を改めて州牧となす
一八九	（〃 六）	このころ生母章氏没す	8		10	霊帝没し弘農王弁即位、何進殺さる　袁紹ら宦官を滅す　董卓洛陽入り、献帝を立つ　曹操挙兵
一九〇	（初平元）		9		11	袁紹ら董卓征伐の兵をおこす　董卓の長安遷都　劉備、公孫瓚のもとに走る　孫堅、荊州刺史王叡を殺す　劉表荊州牧となる
一九一	（〃 二）		10		12	孫堅、洛陽に入る　青州黄巾泰山・渤海を寇す
一九二	（〃 三）	このころ父没す	11		13	曹植生まる　孫堅殺さる　董卓殺さる　曹操、青州黄巾を降す

一九三	（〃　四）		12		14	孫策、袁術の命をうけ、江を渡る。
一九四	（興平元）	このころ兄、継母と江東に赴く　孔明弟均と叔父玄に身を寄す	13		15	劉焉死し、劉璋益州牧となる　陶謙死し、劉備徐州牧となる
一九五	（〃　二）	叔父諸葛玄、予章太守となる	14		16	董卓の部将李権・郭汜ら長安を騒がす　曹操、兗州牧となる
一九六	（建安元）		15		17	曹操、献帝を許に迎う　許下に屯田す　呂布、劉備をおそい、劉備、逃げて曹操をたよる
一九七	（〃　二）	玄殺され、孔明隆中に住す	16		18	袁術天子を称す
一九八	（〃　三）	このころ徐庶、石韜らと遊学す　梁父吟をなす	17		19	曹操、呂布を殺す　劉表、荊州八郡を定む
一九九	（〃　四）		18		20	公孫瓚死す　袁術死す　劉備、曹操を殺さんとし失敗、袁紹に走る
二〇〇	（建安五）	このころ兄瑾、孫権に仕う	19		21	孫策死し、孫権つぐ　官渡の戦い（曹操と袁紹）
二〇一	（〃　六）		20	上計椽にあげらる、ついで曹操に辟さる	22	劉備、劉表のもとに走る
二〇二	（〃　七）		21		23	袁紹死す
二〇三	（〃　八）		22		24	
二〇四	（〃　九）		23		25	曹操、袁尚を破り冀《き》州牧を領す

二〇五	（〃一〇）		24		26	曹操、袁譚を降す　黒《こく》山賊投降す　曹叡（明帝）生まる
二〇六	（〃一一）		25		27	
二〇七	（〃一二）	劉備、孔明に三顧の礼をとる　孔明天下三分の計を説く	26		28	劉禅生まる　曹操、袁氏の残党を倒し、烏丸を討つ
二〇八	（〃一三）	呉に赴き、孫権と同盟す	27	文学掾となる	29	曹操、丞相となる　曹操、荊州征伐に出発　劉表死し劉琮つぐ　劉琮、曹操に降る　当陽長坂の戦い　赤壁の戦い　司馬師生まる　曹操、孔融を殺す　曹沖死す
二〇九	（〃一四）	軍師中郎将になる	28		30	劉備、荊州牧となり、公安に治す　周瑜は陸口に屯す　劉備、孫権の妹と婚す
二一〇	（〃一五）		29		31	孫権と劉備、荊州を争う　周瑜死し、魯粛かわって陸口に屯す　曹操、銅雀台を作る　司馬昭生まる
二一一	（建安一六）		30		32	劉備、劉璋に迎えられ蜀に入る　曹操、関西を平ぐ　曹丕五官中郎将となる
二一二	（〃一七）		31		33	曹操、孫権をうつ　劉備、権を救うと称し兵を動かす
二一三	（〃一八）		32		34	曹操、魏公となる　龐統《ほうとう》死す
二一四	（〃一九）	張飛・趙雲らとともに蜀に入る　軍師将軍、署左将軍、大司馬府事となる	33		35	劉備、劉璋をくだし成都に入る　曹操、献帝の皇后伏氏を殺す　孫権、呂蒙をして関羽をおそわす

二一五	(〃 二〇)		34	曹操に従い、張魯を討つ	36	孫権と劉備と荊州を分割 曹操、女を献帝の皇后とす 曹操、張魯を降す
二一六	(〃 二一)		35		37	曹操、魏王となる 劉備、曹操と漢中を争う
二一七	(〃 二二)		36	曹操に従い、孫権と戦う 太子中庶子となる。兄司馬朗卒す	38	孫権、曹操に降る 魯粛死し、呂蒙これに代わる 曹丕、魏太子となる 王粲、徐幹、陳、琳、応瑒、劉楨ら卒す
二一八	(〃 二三)		37		39	吉本、金禕ら曹操を討たんとして失敗 劉備、漢中に兵を進む
二一九	(〃 二四)		38		40	劉備、夏侯淵を破り漢中を定む 劉備、漢中王となる 関羽、曹仁を樊城に囲む 孫権、魏と同盟し関羽を襲う 関羽戦死す 孟達、魏に走る 孫権、荊州を領有す 呂蒙死す
二二〇	(建安二五 魏黄初元)		39	曹丕丞相となるや丞相長史となる。ついで尚書となり、督軍御史中丞に転ず	41	曹操死し、曹丕魏王となる 曹丕、献帝の禅譲を受く 法正死す 九品官人の法行なわる
二二一	(蜀章武元 魏〃二)	丞相司隷校尉を兼ぬ	40	侍中尚書右僕射に遷る	42	劉備、成都において即位 張飛殺さる 孫権、魏より呉王に封ぜらる
二二二	(〃〃二 〃 三 呉黄武元)	成都に南北邸を営む	41		43	劉備、関羽の報復に出兵 劉備、夷陵に大敗、永安に駐す 黄元叛す 孫権、呉王となり、年号を立つ
二二三	(建興元 〃 四 〃 二)	永安に至り李厳とともに遺託をうく、益州牧を領す 養子喬死す	42		44	劉備、永安の行宮に崩じ劉禅立つ 鄧芝、呉に使し呉・蜀同盟なる

二二四	〃二・〃五・〃三		43		45	呉張温、蜀に使す
二二五	〃三・〃六・〃四	西南夷を討つ	44		46	魏文帝、舟師をひきいて東征
二二六	〃四・〃七・〃五		45	諸葛瑾と襄陽に戦う　曹真・曹休・陳羣らと共に遺託を受く	47	魏文帝死し明帝立つ
二二七	〃五・太和元・〃六	出師の表を上す　子、瞻生まる	46	孟達を討つ　督荊予二州諸軍事を加えらる。宛に屯す	48	蜀北征始まる
二二八	〃六・〃二・〃七	街亭に敗れ、右将軍行丞相事に貶す　陳倉を囲む	47		49	馬謖を斬る　呉、魏の曹休を討ち石亭に勝つ　曹休死す　公孫淵遼東太守を領す
二二九	〃七・〃三・黄竜元	武都、陰平を定む、丞相に復す、漢、楽二城をきずく	48		50	孫権、帝を称す　蜀の陳震、呉に使してこれを賀す　呉、建業に都す　趙雲死す　大月氏王波調、親魏大月氏王となる
二三〇	〃八・〃四・〃二	曹真の侵入を成固赤坂にふせぐ	49	大将軍となる　蜀を伐つ	51	明帝、浮華の士を罷む　孫権、夷洲・亶洲を求めしむ
二三一	〃九・〃五・〃三	祁山を攻む　仲達を敗る　張郃を破る　李厳を廃す	50		52	曹真死す

二三二	（〃一〇　〃六　嘉禾元）	木牛流馬を作る	51		53	呉、公孫淵に遣使　曹植死す
二三三	（〃一一　青竜元　〃二）	斜谷に邸閣を営む	52	成国渠を穿ち数千頃を漑す	54	公孫淵、呉の使を斬る　呉・魏戦い、呉勝たず
二三四	（〃一二　〃二　〃三）	武功に出ず　五丈原に没す	53	五丈原にて孔明と対峙	55	後漢献帝死す　呉三道より魏をうつ、明帝自ら水軍をひきいて応ず　諸葛恪山越をうつ
二三五	（〃一三　〃三　〃四）			太尉となる	56	大いに洛陽宮を治む（土木工事さかん）蜀、蔣琬大将軍となる
二三六	（〃一四　〃四　〃五）				57	陳羣死す　司馬炎（晋武帝）生まる
二三七	（〃一五　景初元　〃六）				58	呉・魏戦う
二三八	（延熙元　〃二　赤烏元）			遼東を討つ　曹爽らと明帝の遺詔を受く	59	公孫淵死す　燕王、宇大将軍となるも直に廃せらる　曹爽これに代わる
二三九	（〃二　〃三　〃二）			太傅となる	60	明帝死し、斉王芳立つ　倭の女王卑弥呼来献、親魏倭王に封ぜらる

二四〇	〃三 正始元 〃三				61	
二四一	〃四 〃二 〃四	諸葛瑾死す		したしく呉を攻む	62	魏・呉戦う　呉の太子登死す
二四二	〃五 〃三 〃五			広漕渠を穿つ	63	孫和太子となる、孫覇魯王となる
二四三	〃六 〃四 〃六			諸葛恪をうつ	64	扶南王范旃遣使す
二四四	〃七 〃五 〃七				65	曹爽、夏侯玄、漢中に向かう
二四五	〃八 〃六 〃八				66	曹爽、中塁中堅営を毀つ　陸遜卒す
二四六	〃九 〃七 〃九				67	蔣琬卒す　母丘倹高句麗を討つ
二四七	〃一〇 〃八 〃一〇			疾と称し、政事に与からず	68	太后を永寧宮に遷す

二四八	（〃一一 〃九 〃一一）		李勝の訪問を受く	69	司馬氏と曹爽との対立激しさをます
二四九	（〃一二 嘉平元 〃一二）		クーデタを起こす	70	曹爽、高平陵に謁す　曹爽を誅す　何晏・王弼死す
二五〇	（〃一三 〃二 〃一三）			71	呉太子和を廃す　魯王覇に死を賜う　太子孫亮立つ
二五一	（〃一四 〃三 太元元）		死す	72	司馬師司空となる、ついで太尉となる
二五二	（〃一五 〃四 〃二）				司馬師大将軍となる　母丘倹呉を征し、諸葛恪と戦う　孫権死し孫亮立つ
二六三					蜀滅ぶ
二六五					魏滅び、晋おこる
二八〇					呉滅ぶ

参考文献

内藤　湖南『諸葛武侯』(内藤湖南全集第一巻)
桑原　隲蔵『孔子と孔明』(桑原隲蔵全集第一巻)
杉浦　重剛・猪狩　又蔵『諸葛亮』
宮川　尚志『諸葛孔明』(桃源社)
太田　熊蔵『諸葛孔明伝』
植村　清二『諸葛孔明』(筑摩グリーンベルト)
狩野　直禎『諸葛孔明』(人物往来社)
吉川幸次郎『三国志実録』(吉川幸次郎全集第七巻)
岡崎　文夫『魏晋南北朝通史』(弘文堂)
『中国中世史研究』(中国中世史研究会編)東海大出版会
『世界の歴史4』(塚本善隆)(中央公論社)
『中国の歴史——第四巻』(森鹿三編)
『世界の歴史4』(布目潮渢・山口修)集英社
『世界の歴史7』(宮崎市定)宮崎市定全集
『大世界史4』(石田幹之助・田中克己)文芸春秋社
『図説世界文化史大系中国2』角川書店

『世界歴史シリーズ7』世界文化社
『日本と世界の歴史3』学習研究社
『漢書・後漢書・三国志』（中国古典文学大系15）平凡社
花田清輝『随筆三国志』（筑摩書房）
竹田晃『曹操――その行動と文学』（評論社）
今鷹眞他訳『三国志』Ⅰ～Ⅲ（筑摩書房　世界古典文学全集）
守屋洋『「三国志」の人物学』（ＰＨＰ研究所）
狩野直禎『三国志の知恵』（講談社　現代新書。日経ビジネス文庫に『60分で名著快読三国志』として出版）
川合康三『曹操』（集英社―中国の英傑）
林田愼之助『諸葛孔明』（集英社―中国の英傑）
中林史朗『諸葛孔明論語』（明徳出版社　中国古典新書）
林田愼之助『人間三国志』全六巻（集英社）
井波律子『読切り三国志』（筑摩書房）
井波律子・山口直樹『三国志を行く　諸葛孔明篇』（新潮社　とんぼの本）
小松健一『カラー版写真紀行　三国志の風景』（岩波新書）
小松健一『三国志曹操伝』（新人物往来社）
竹田晃『三国志の英雄』（講談社現代新書）
雑喉潤『三国志世界を行く』（徳間書店）

雑喉潤『三国志と日本人』（講談社　現代新書）
高島俊男『三国志　人物従横断』（大修館書店）
林田慎之助『風と雲と竜』（集英社）
福原啓郎『東晋の武帝司馬炎』（白帝社　中国歴史人物選）
立間祥介訳『三国志』（プレジデント社）
渡邉義浩『諸葛亮孔明――その虚像と実像』（新人物往来社）
松浦文久『詩歌三国志』（新潮社）
二階堂義博・中川諭訳『三国志平話』（光栄）
石井仁『曹操　魏の武帝』（新人物往来社）
渡邉義浩『三国志』（ナツメ社　図解雑学シリーズ）
渡邉義浩『諸葛孔明』（ナツメ社　図解雑学シリーズ）
渡辺精一『全論　諸葛孔明』（講談社）
金文京『後漢　三国時代』（講談社　中国の歴史第　巻）
渡邉義浩・仙石知子『「三国志」の女性たち』（山川出版社）
渡邉義浩『英雄たちの「志」　三国志の魅力』（汲古書院）
宮城谷昌光『三国志』（『文藝春秋』平成十三年五月号～平成二十五年七月号）
三国志学会『三国志研究』（平成十八年十二月第一号～以下毎年一回）

さくいん

【た】

新・人と歴史　拡大版　02
「三国志《さんごくし》」の世界《せかい》　孔明《こうめい》と仲達《ちゅうたつ》〔新訂版〕

定価はカバーに表示

2017年3月30日　　初　版　第1刷発行

著　者　狩野《かの》　直禎《なおさだ》
発行者　渡部　哲治
印刷所　法規書籍印刷株式会社
発行所　株式会社　**清水書院**
〒102－0072
東京都千代田区飯田橋3－11－6
電話　03－5213－7151㈹
FAX　03－5213－7160
http://www.shimizushoin.co.jp

表紙・本文基本デザイン／ペニーレイン
乱丁・落丁本はお取り替えします。　ISBN978－4－389－44102－9